THE ṚTUSAṀHĀRA
OF
KĀLIDĀSA

THE ṚTUSAṀHĀRA
OF
KĀLIDĀSA

कालिदासकृत

ऋतुसंहार

By

M.R. KALE

BHARATIYA KALA PRAKASHAN
Delhi : : (India)

First Edition : 1916
Revised Edition : 2007

Published by **C.P. Gautam**
BHARATIYA KALA PRAKASHAN
3421-A, IInd Floor, Narang Colony Tri Nagar,
Delhi-110035. Phone : 27393083, 32967505
E-mail : bkp3421@yahoo.co.in

ISBN : 978-81-8090-140-9

Printed by :
Salasar Imaging Systems
Delhi

Contents

Preface	*vi*
Introduction	*vii*
CANTO I प्रथमः सर्गः	1
CANTO II द्वितीय सर्गः	25
CANTO III तृतीय सर्गः	48
CANTO IV चतुर्थ सर्गः	69
CANTO V पञ्चमः सर्गः	82
CANTO VI षष्ठः सर्गः	95
CANTO VII The Interpolated Stanzas प्रक्षिप्तश्लोकाः	116
Appendix A – Makes used in the Ṛtusaṁhāra	126
Appendix B – Index of Important words (हिन्दी)	127
Appendix C – Index of Verses (श्लोकानुक्रमणिका)	133
Appendix D – Word Index	136

Preface

In preparing the present edition of the *Ṛtusaṁhāra* the particular requirements of University students have been kept in view; but it is hoped that nothing that is of interest to the general reader has been omitted. The Bombay text in six Cantos and 144 verses has been adopted as being the one most generally received; all extra verses found in Mss. and printed copies have been thrown together is an appendix at the end. In settling the text I have chosen what readings seemed to suit best; the frequent discussions about variants given in the notes may serve to induce in the student a habit of thinking for himself. The notes had to be done page by page of the com., as the edition was undertaken on the Śāstri's intimating to me that he would be able to begin and finish the com. in May and not earlier than that; and yet I trust no serious discrepancies have been allowed to remain between the com. and the notes. A full index of the more important words in the text has been added at the end.

M. R. Kale

Introduction

In Sanskrit literary history there have been many poets who were known as Kālidāsa and at least three were known to Rājaśekhara who wrote—

एकोऽपि जीयते हन्त कालिदासो न केनचित्।
शृङ्गारे ललितोद्गारे कालिदासत्रयी किमु।।1।।

By *ekaḥ* of course in meant Kālidāsa, the author of Abhijñānaśakuntala, Raghuvaṁśa, etc., and it is him we are here concerned with. Of his personal history very title is definitely known. The name itself signifies 'a servant of the goddess Durgā it is probable that like so many other names it was Durgā it is probable that like so many other names it was bestowed without any reference to its original signification. But on it is based a tradition which represents him to have been an illiterate person, till by the favour of the goddess he suddenly found himself endowed with the poetic gift. Kālidāsa is curiously reticent about himself in his works; nor are any records of him by other hands now available. Whatever we can say about his life is based on external and secondary sources and must necessarily remain a matter of more or less guess-work. His birth-place was probably somewhere in Mālwa and from his glowing description of Ujjayinī it would appear that he was a resident of that city. Legends are current about his having been a court-poet of King Vikramāditya, (a matter to which we shall refer further on); and his works, it is true, show considerable acquaintance with court life. He was a Brāhmaṇa by caste and a devout worshipper of Śiva, though by no means a narrow-minded sectarian. He seems to have travelled a great deal throughout India; his graphic description of the Himālayan scenes reads very much like that of an eye-witness. His works bear testimony to his considerable acquaintance with the Vedas, the philosophy of the Upaniṣads, the Purāṇas, medicine and astronomy. Altogether he must have been a person of high culture, liberal ideas and unpretentious learning. About his poetry no greater testimony can be quoted than that of Bāṇa, the famous master of Sanskrit prose—

निर्गतासु न वा कस्य कालिदासस्य सूक्तिषु।
प्रीतिर्मधुरसार्द्रांषु (सान्द्रासु) मञ्जरीष्विव जायते।। 1 ।।

II

The problem of the date of the author of *Raghuvaṁśa* is a much-discussed one, and the last word has yet to be said in the matter. Tradition describes him as one of the 'nine gems' at the court of king Vikramāditya. Now, various kings in the history of ancient India called themselves by the title of 'The sun of Valour'. One of these is the supposed founder of the *Samvat* era, commencing with 56 B.C. and Kālidāsa with greater probability must be placed in his time; the late Dr. Peterson also held the same view when he wrote, "Kālidāsa stands near the beginning of the Christian Era, if, indeed, he does not overtop it". For this view see our Introduction to Śākuntala.

But many modern scholars find themselves unable to agree with this view; it is now more generally accepted that Kālidāsa must have flourished under one or more of the Gupta Kings. The Gupta period (about 300-650 A.D.) was famous in the ancient history of India for its revival of Sanskrit learning and arts. Mr. Vincent A. Smith in his *'The Early History of India* (3rd Ed. 1914) believes that Kālidāsa must have flourished in the reigns of one or more of these Gupta kings—

Chandragupta II. (C. 357-413)
Kumāragupta I. (413-455)
Skandagupta (455c-480)..

Both Chandragupta II and Skandagupta had adopted the title *Vikramāditya.* Mr. Smith says: "It is not unlikely that the earliest works of Kālidāsa namely, the *Ṛtusaṁhāra* (if that be his), and the *Meghadūta,* may have been composed before A.D. 413, that is to say, while Chandragupta II was on the throne, but I am inclinecd to regard to reign of Kumāragupta I (413-455) as the time during which the poet's later works were composed, and it seems possible, or even probable that the whole of his literary career fell within the limits of that reign. It is also possible that he may have continued writing after the accession of Skandagupta." Mr. Smith thus makes Kālidāsa literary carrer extend over a period of not less than thirty years. There is thus nothing wrong in the tradition about *Vikramāditya* being our poet's patron; only we must arrive at an understanding as to which Vikramāditya he was.

III

Among the works which are now definitely believed to have been Kālidāsa's are the three dramas, *Mālavikāgnimitra, Vikramorvaśīya* and *Abhijñānaśākuntala* and the three poems, *Meghadūta, Kumārasambhava.* (I-VIII) and *Raghuvaṁśa* (Cantos IX-XVII of the *Kumārasambhava* are beieved not to be his, and about *Ṛtusaṁhāra* too there is a difference of opinion.) Kṣemendra, the Kāshmirian poet and rhetorician quotes stanza from a work called *Kunteśvaradautya* of Kālidāsa, but of this nothing further is known. The following is a list of works which have been attributed to Kālidāsa, from time to time :—अम्बास्तव, कालीस्तोत्र, काव्यनाटकालंकार: (?), गङ्गाष्टक, घटकर्पर, चण्डिकादण्डकस्तोत्र, ज्योतिर्विदाभरण, दुर्घटकाव्य, नलोदय, नवरत्नमाला, पुष्पबाणविलास, मङ्गलाष्टक, रत्नकोश, राक्षसकाव्य, लघुस्तव, विद्वद्विनोदकाव्य, वृन्दावनकाव्य शृंगारतिलक, शृंगारसार, श्यामलादण्डक श्रुतबोध and सेतुबन्ध or रामसेतु or रावणवध. The authorship of many of these is doubtful and certainly none belong to the author of the *Raghuvaṁśa.*

IV

Kāvya or compositon, according to Sanskrit writers, is of two kinds, श्रव्य and दृश्य (dramatic compositions). Of these श्रव्य to either pure prose, or pure poetry or a mixture of the two. Pure poetry, or पद्य, may be either a महाकाव्य (like *Raghuvaṁśa* and *Kirātārjunīya)* or a खण्डकाव्य; and they define खण्डकाव्य (lit. *a small poem)* as काव्यस्य एकदेशानुसारी (S. D. VI. 329); the *Meghadūta* and the *Ṛtusaṁhāra* are kāvyas of this class.

The *khaṇḍa kāvya* is the nearest appraoch to a sustained *lyrical* poem in Sanskrit although fugitive stanzas of great lyrical power have always had greater vogue. The Sanskrit lyric may be divided, according to its subject, into two kinds, the religious and the erotic. The numerous extant *Stotras* represent the modern form of the religious type of *khaṇḍa kāvya.* The erotic lyric which is the more popular of the two, may be said to commence, for us, with the poems of Kālidāsa.

The two prominent characteristics of these short pieces are Nature and Love, which are very often blended together with great facility and grace. Of Nature the poet is observant of mountains, plants and the animal world; of flowers the lotus is the most conspicuous; and of birds we may mention the *cātaka*, the *cakora* the *kokila,* and the *cakravāka.* Scenes are depicted "brilliant with blossoming trees, fragant with flowers, gay with the plumage and vocal with the song of birds, diversified with lotus ponds steeped in tropical sunshine and with large-eyed gazelles reclining in the shade" (Porf. Macdonell).

The bulk of this poetry consists of miniature painting depicting amatory situation or sentiment. This portraiture, sometimes effected with exquisite subtlety and charm, also often becomes conventional, especially in the hands of the later poets. The love of Sanskrit poets, it may also be remarked, is not so much romantic or ethernal as sensuous, though, rarely, they do raise it to a spiritual ideal.

The age of Kāvya literature may roughly be given as 300-1100 A. D., though later poets now and then cultivated it with remarkable success. The *Meghadūta* of Kālidāsa is undoubtedly the 'crest-jewel' of Khaṇḍa kāvyas; the other work of the same class by that poet is the *Ṛtusaṁhāra* in six cantos, which is a poetical description of the six seasons into which the Hindu year is divided.

Among other specimens the more promient are: (1) घटकर्पर, a small work of 22 stanzas in which यमक is freely employed; (2) चौरपञ्चाशिका in 50 stanzas, descriptive of various amorous situations; (3) the शृंगारशतक, one of the trilogy which Bhartṛhari is said to have composed; (4) the शृंगारतिलक, which is sometimes attributed of Kālidāsa; (5) अमरुशतक, evidently the work of one who is a master in his especial art; (6) the सप्तशतक, which has not attracted much attention owing to its being written in Prākṛta, but which is a rich store-house of lyrical verse; (7) the सूर्यशतक in praise of the sun; and (8) the गीतगोविन्द the famous dramatic-lyric of जयदेव. Of later authors perhaps none is superior to Jagannātha Paṇḍita, who in his *Bhāminivilāsa* approached in style and matter the works of older writers.

V

The *Ṛtusaṁhāra* (also called in some Mss. *Ṛtusaṁhāra* is a description of the six Hindu seasons, ग्रीष्म, वर्षा, शरद्, हेमन्त, शिशिर and वसन्त, in 144 stanzas of various metres. Scholars are at variance as to the justification of its claim to be regarded as the work of the same Kālidāsa who wrote the *Raghuvaṁśa.* It is written in a style which falls far below the level of his other works. There is not the same ease of expression or the same wealty of observation. It is ill put together, rude and full to tame repetitions. And this doubt about its authorship is further strenghened by the fact that Mallinātha, who has written commentaries on the *Raghuvaṁśa, Kumārasambhava* and *Meghadūta,* did not recognise any fourth poem by the same author. He writes in his introduction to his Sañjīvinī on the *Rughuvaṁśa*—

मल्लिनाथकविः सोऽयं मन्दात्मानुजिघृक्षया।।
व्याचष्टे कालिदासीयं काव्यत्रयमनाकुलम्।।

The testimony of such a great scholar as Mallinātha is valuable though by itself alone it cannot be called conclusive evidence. For Vallabhadeva, the compiler of the *Subhāṣitāvali,* quotes four stanzas from our book, two of which the distinctly assigns to Kālidāsa, though the other two are quoted anonymously. Under the circumstances one can only say that, if not the work of some later author bearing the same name, it must have been written by Kālidāsa when very young, in fact it must be his earliest work. The question is still an open one.

VI

The *Ṛtusaṁhāra* is alone of its kind is Sanskrit poetical literature. Discriptions of seasons abound in Kāvyas, but this is the only poem devoted solely to them. It suffers both in matter and manner from the finished works of other poets and from other works of Kālidāsa. In the *Raghuvaṁśa,* for example, (IV. 14-24, IX. 24-47, XVI. 43-53, XIX. 37-46) there are stanzas of immutable beauty and melodious flow with which very few in this book could stand comparison. Place again,

ईषदव्बृद्धरजःकणाग्रकपिशा चूते नवा मञ्जरी।
मुग्धत्वस्य च यौवनस्य च सखे मध्ये मधुश्रीः स्थिताः।।

(*Vik.* II. 7.)

or the vivid touches in

पाण्डुच्छयोपवनवृतयः केतकैः सूचिभिन्नै-
र्नीडारम्भैर्गृहबलिभुजामाकुलग्रामचैत्या।

(*Megh.* I. 24)

side by side with

ताम्रप्रवालस्तबकावनम्राचूतद्रुमाः पुष्पितचारुशाखाः।
कुर्वन्ति कामं पवनावधूताः पर्युत्सुकं मानसमङ्गनानाम्।।
(*Ṛtu.* VI. 15)

or with the elaborate fancies of

मुदित इव कदम्बैर्जातपुष्पैः समन्ता-
त्पवनचलितशाखैः शाखिभिर्नृत्यतीव।।
हसितमिव विधत्ते सूचिभिः केतकीनां etc. (*Ṛtu.* II. 23)

Owing probably to want of acute observation and lovely imagination the poet has repeated very often the same thoughts in almost the same words even to the verge of tiresomeness. Compare :—

प्रचण्ड सूर्यः (i. 1)	गुरूणि वासांसि विहाय तूर्णं (vi. 13)
नितम्बबिम्बैः सदुकूलमेखलैः (i. 4)	तन्वंशुकैः कुङ्कुमरागगौरै–
स्तनैः सहाराभरणैः स चन्दनैः (i. 4)	रलंक्रियन्ते स्तनमण्डलानि (vi. 4)
विमुच्य वासांसि गुरूणि सांप्रतम् (i. 7)	रवेर्मयूखैरभितापितो भृशं (i. 17)
स्तनेषु तन्वंशुकमुन्नतस्तना	विलोलजिह्वाद्वय (i. 20)
निवेशयन्ति प्रमदाः सयौवनाः (i. 7)	कुवलयदलनीलैः (ii. 22)
गभस्तिभिर्भानुमतोऽभितापिताः (i. 15)	दधति वरकुचाग्रैरुन्नतैर्हारयष्टिं (ii. 25)
विलोलजिव्हः (i. 14)	विकचकमलवक्त्रा (iii. 26)
नितान्तनीलोत्पलपत्रकान्तिभिः (ii. 2)	शरदि कुमुदसंगाद्वायवो वान्ति शीताः (iii. 22)
स्तनैः सहारैः (ii. 18)	
विकचपद्ममनोज्ञवक्त्रा (iii. I)	व्योम ताराविचित्रम् (iii. 26)
तत्संगमादधिकशीतलतामुपेतः (iii. 15)	भुजेषु संगं वलयांगदानि (vi. 6)
चन्द्रतारावकीर्णम् (iii. 21)	दन्तच्छदं...दन्ताग्रभिन्नम् (iv. 13)
न बाहुयुग्मेषु विलसिनीनां	स्रस्तांसदेशलुलिताकुलकेशपाशा (iv. 14)
प्रयान्ति संगं वलयांगदानि (iv. 3)	मन्दानिलाकुलितनम्रमृदुप्रवालाः (v. 17)
प्रचण्डसूर्यातपतापिता मही (i. 10)	पुंस्कोकिलैः कलवचोभिरुपात्तहर्षैः
नितम्बदेशाश्च सहेममेखलाः (i. 6)	कूजद्भिरुन्मदकलानि वचांसि भृंगैः (vi. 4)
पयोधराश्चन्दनपङ्कशीतलाः (i. 6)	बहुगुणरमणीयः कामिनीचित्तहारी (ii. 28)

अशनिशब्दमर्दल: (ii. I)	समदमधुकराणां कोकिलानां च नादै: (vi. 27)
प्रवृत्तनृत्यं कुलमद्य बर्हिणाम् (ii. 6)	बहुगुणरमणीयो योषितां चित्तहारी (iv. 18)
तोयभरावलम्बिन: (ii. 3)	बलाहकाश्चाशनिशब्दमर्दला: (ii. 4)
प्रयान्ति मन्दं (ii. 3)	प्रवृत्तनृत्यै: शिखिभि: समाकुला: (ii. 16)
अधररुचिरशोभां बन्धुजीवे प्रियाणां (iii. 24)	तोयभरावलम्बिन: (ii. 19)
पदाम्बुजानि (iv. 4)	मन्दमन्दं चलद्भि: (ii. 22)
सोन्मादहंसमिथुनैरुपशोभितानि स्वच्छप्रफुल्लकमलोत्पलभूषितानि उत्कण्ठयन्ति सहसा हृदयं सरांसि (iii. II)	बन्धूककान्तिमधरेषु मनोहरेषु (iii. 25)
मनोहरक्रौञ्चनिनादितानि (iv. 8)	अम्बुजकान्तिभाञ्जि (vi. 4)
शुचौ प्रिये यान्ति जनस्य सेव्यताम् (i. 2)	प्रफुल्लनीलोत्पलशोभितानि सोन्मादकादम्बविभूषितानि सरांसि चेतांसि हरन्ति पुंसाम् (iv. 9)
पुष्पासवामोदसुगन्धिवक्त्र (v. 10)	क्वचित्स्थितक्रौञ्चनिनादराजितम् (v. I)
काचिद्विभूषयति दर्पणसक्तहस्ता बालातपेषु वनिता वदनारविन्दम् (iv. 13)	प्रयान्ति कालेऽत्र जनस्य सेव्यताम् (v. 2)
खेदं गता: प्रशिथिलीकृतगात्रयष्ट्य:	पुष्पासवामोदितवक्त्रपङ्कजा: (v. 5)
अधरकिसलयाग्रं दन्तभिन्नं स्पृशन्त्य: (vi. 15)	सवितुरुदयकाले भूषयन्त्याननानि (v. 15)
अंससंसक्तकेश: (v. 13)	कंदर्पदर्पशिथिलीकृतगात्रयष्ट्य: (vi. 24)
आकम्पयन्कुसुमिता: सहकारशाखा: (vi. 22)	
मासे मधौ मधुरकोकिलभृंगनादै: (vi. 25)	

This list, though a long one, is by no means exhaustive and the reader will find many more similar instances. This paucity of ideas makes the works sometimes lack in coherence. Stanzas of real poetic beauty and power (*e.g.* VI. 10, IV. 10. V. 25, III. 16, III. 7, II. 13, I. 22-27) are comparatively few. We are thus surprised to see Prof. Macdonell praising its thus in unqualified terms. "Perhaps no other work of Kālidāsa manifests so strikingly the poet's deep sympathy with Nature, his keen powers of observation, and his skill in depicting an Indian landscape in vivid colours." We rather think that the *Ṛtusaṁhāra* has nothing to be compared with the passages from *the Ràghuvaṁśa* (quoted above) or *Kumārasambhava* (III. 25-29), and one is more inclined to agree with Prof. Ryder who says: "*The seasons* would neither add greatly to his (Kālidāsa's) reputation nor subtract from it."

VII

Only two old commentaries on the *Ṛtusaṁhāra* have been discovered. One is called *Candrikā* and was composed by Maṇirāma, son of Nīlakaṇṭha, in Samvat 1814; it has been printed at Calcutta and Bombay. This is a very meagre commentary, without any attempt at a critical understanding of many places. The other commentary is by one अमरकीर्ति and is known only in one Ms. in a fragmentary condition. The *Ṛtusaṁhāra,* by the way, has the distincition of being the first Sanskrit text of which an edition was printed. (Calcutta, 1792). The student may advantageously read the collections of stanzas descriptive of the various seasons, in the *Subhāṣitāvalī,* in the *Śārṅgadharpaddhati,* and particularly in that recent useful compilation, the *Subhāṣitaratnabh-āṇḍāgāra* of K. P. Parab, published by the Nirnayasagara Press. Stray descriptions will also be found in every *Kāvya* and in Bāṇa's *Kādambarī.*

CANTO I

प्रथमः सर्गः

A Description of the Summer Season

श्रीलक्ष्मीनृसिंहो विजयते।

स्तम्भात्प्रभूय निजभक्तजनावनार्थं
यो वज्रसारनखरैर्निजघान दैत्यम्।
ब्रह्मेशशक्रनुतपूर्णगुणैकदेहः
श्रेयः स नो दिशतु देववरो नृसिंहः ।। 1 ।।
ऋतुसंहारकाव्यस्य टीकेयं बालबोधिनी।
श्रीमदाचार्यशिष्येण वेङ्कटेशेन तन्यते ।। 2 ।।

'आशीर्नमस्क्रिया वस्तुनिर्देशो वाऽपि तन्मुखम्' इति शास्त्रात्काव्यादौ वस्तुनिर्देशात् ऋतुसंक्षेपवर्णनलक्षणां कथां प्रस्तुवन्कश्चिन्नायकः स्वप्रियामाह–

प्रचण्डसूर्यः स्पृहणीयचन्द्रमाः
सदावगाहक्षम[1]वारिसंचयः।

Notes :— ऋतुसंहारम्-ऋतुः a division of the year, a season. In ancient works, their number is variously given as three, five, six, seven, twelve, thirteen and twenty-four ; in later time *six* seasons are commonly mentioned, *viz.* वसन्त, ग्रीष्म, वर्षा, शरद्, हेमन्त and शिशिर. संहार *m*—'collection' from सं+हृ 'to bring together'+अ or घञ् ; hence ऋतुसंहार (A Collection of Seasons) which also signifies the name of the poem where all the six seasons are described, one by one, in one place, by अभेदोपचार (Transference of an Epithet). The name may also be explained as a simple *Bahuvrīhi*; the form may be °संहारः or °संहारम् according as we understand ऋतूनां संहारो यत्र सः (ग्रन्थः) or तत् (काव्यम्) —preferably the latter.

1. प्रचण्डसूर्यः–प्रकर्षेण चण्डः (on account of the hot blaze) सूर्यो यस्मिन्, सदावगाहक्षमवारिसंचयः–सदा अवगाहनां (or वगाहानां, the अ of अव being *optionally* retained) क्षमः वारिसंचयः यस्मिन् 'wherein one can bathe in he waters at any

1. क्षत।

दिनान्तरम्योऽभ्युपशान्तमन्मथो
निदाघकालोऽय[1]मुपागतः प्रिये ।। 1 ।।

प्रचण्डेति।। हे प्रिये, प्रचण्डः प्रखरः सूर्यो यस्मिन्सः प्रचण्डसूर्यः। स्पृहणीयः आशंसनीयः चन्द्रमाश्चन्द्रो यस्मिन्सः स्पृहणीयचन्द्रमाः। सदा सर्वस्मिन्काले अवगाहक्षमः समज्जनस्नानयोग्यः वारिसंचयो जलसमूहो यस्मिन्सः सदावगाहक्षमवारिसंचयः। अवगाहेत्यत्र वगाहेति वा पदच्छेदः। तदा 'वष्टि भागुरिरल्लोपमवाप्योरुपरुर्णयोः' इत्यकारलोपः। क्षमेत्यत्त क्षतेति पाठः उत्तरश्लोकस्थक्षतशब्दस्यानुगुणोऽपि वारिसंचयक्षीणत्वेऽवगाहभिन्नस्य सूर्यतापस्यैव वस्तुतः कारणत्वान्न मनोरमः। उक्तं चात्रैव (1।22) 'दिनकरपतितापक्षीणतोयाः समन्तात्' इति। दिनस्यान्तः नाशः सन्ध्याकाल इति यावत्। 'अन्तं स्वरूपे नाशे ना' इति मेदिनी। स रम्यः यस्मिन्सः। दिनान्तरम्यः। अभ्युपशान्तः निर्वाणं प्राप्तः मन्मथो यस्मिन्सः अभ्युपशान्तमन्मथः। अयं निदाघकालः ग्रीष्मकालः। समुपागतः संप्राप्तः। अस्य पद्यस्य समानार्थकं 'सुभगसलिलावगाहाः पाटलसंसर्गसुरभिवनवाताः। प्रच्छायसुलभनिद्रा दिवसाः परिणामरमणीयाः' इति शाकुन्तलस्थं (1।3) पद्यम्।

Here has approached, dear, this hot season, when the sun is (hot and) firece, the moon becomes (pleasent and) desirable, one can be continually bathing in the ample waters, the evenings are delightful, (and) the feeling of love is (comparatively) allayed.

---

time in the day' with perfect delight and without any physical harm, such being not possible in other seasons. The epithet should not be interpreted as 'wherein the waters are so plentiful that one can bathe very frequently without exhausting them,' since it is not the inexhanstibility of water—if any at all—that is to be emphasized, but rather the extreme heat and the consequent desire for constant bathing.

The reading क्षत (for क्षम) 'diminished' is *p.p.* of क्षण् to injure; with it the compound means 'wherein the ample waters are exhausted by continual bathing' but this is not what is wanted, since the waters are not exhausted by the *baths*, but rather by the heat ; (*cf.* दिनकरपरितापक्षीणतोयाः I. 22). दिनान्तरम्यः–It will be more grammatical to take the comp. as दिनान्ते रम्यः see Rāghavabhaṭṭa on दिवसाः परिणामरमणीयाः Śāk. I. 3 for the sake of symmetry it may also be taken as दिनान्ताः रम्याः यस्मिन् which will make it uniform with the other *Bahuvrīhis* दिनान्त 'end of the day', 'evening' *Cf.* दिनपरिणतिभोग्या वर्तते

---

1. समुपागतः।

निशाः शशा[1]ङ्कक्षतनीलराजयः
क्वचिद्विचित्रं जलयन्त्रमन्दिरम्।
मणिप्रकाराः सरसं च चन्दनं
शुचौ प्रिये यान्ति जनस्य सेव्यताम्।। 2।।

निशा इति।। हे प्रिये, शशाङ्केन चन्द्रेण क्षता नाशिता नीलराजयः नैल्यविशिष्टतमः पङ्क्तयः यासु ताः शशाङ्कक्षतनीलराजयः निशाः। क्वचित् कुत्रचित्स्थले विचित्रं जलयन्त्रमदिरं जलयन्त्रेण युक्तं मन्दिरं गृहम्। मणिप्रकाराः मणीनां हीरकादिरत्नानां प्रकारा भेदाः। 'प्रकारस्तुल्यभेदयोः' इति मेदिनी। नानाविधरत्नानीति यावत्। सरसं सजलम्। आर्द्रमिति यावत्। चदनं च। शुचौ ग्रीष्मकाले। 'शुचिर्ग्रीष्माग्निशृङ्गारेषु' इति मेदिनी। जनस्य सेव्यतां सेवनविषयतां यान्ति। सर्वमतज्जनैर्ग्रीष्मे उपभुज्यते इत्यर्थः। 'शशाङ्कः क्षतनीरराजयः' इति पाठे पूर्वश्लोके 'स्पृहणीयचन्द्रमाः' 'क्षतवारिसंचयः' इत्यादिनोपवर्णितवस्तूनामस्मिन्पद्ये सेव्यत्वेन वर्णनं कृतमिति ज्ञेयम्।। 2।।

Nights wherein the masses of darkness are dispelled by the moon, in some places a wonderful house with a water-fountain, various kinds of jewels, and juicy sandalwood paste,–in summer, dear, people (especially) resort to the use of these.

ग्रीष्मलक्ष्मीः Viddha. IV. 2. अभ्युपशान्त॰–अभ्युपशान्तः मन्मथो यस्मिन्. The अभ्युपशान्ति is not total (for, see verses 3, 28 etc.) but only comparative ; as Man. explains it, वसन्ते द्विगुणः कामः' इति वसन्तापगमे कामोपशान्तिः, of as the poet sas elsewhere, कामो वसन्तात्ययमन्दवीर्यः Rag. XVI. 50.

निदाघकालः–निदाघस्य कालः or निदाघश्चासौ कालश्च. निदाघ (fr. नि+दह्–नितरां दह्यतेऽत्र with the affix घञ् cansing वृद्धि of penultimate vowel by 'हलश्च' Pāṇ III. 3. 121) is the hot season, summer, consisting of the months of ज्येष्ठ and अषाढ and corresonding roughly to June and July प्रिये–' O beloved one.' The poetic description of the seasons is, as may be seen, thrown into he form of an address by a lover to his mistress and is full of images suited to the sentiment of शृङ्गार. This mode of address occurs at intervals, as at II. 1, IV. 10, VI. 18. With this verse may be compared the description of ग्रीष्म in Śāk. I.3—

सुभगसलिलावगाहाः पाटसंसर्गसुराभिवनवाताः।
प्रच्छायसुलभनिद्रां दिवसाः परिणामरमणीयाः।।

2. शशाङ्कचतनीलराजयः–शशाङ्केन क्षताः नीलस्य of darkness राजयः पङ्क्त्यः rows, lines यासु। जलयन्त्रमन्दिरम्–जलयन्त्रं, 'water-instrument', is a fountain ; तस्य मंदिरं the structure where the fountain is housed ; a summer-house with a

---

1. ॰ङ्कः क्षतनीरराजयः।

इत आरभ्य श्लोकसप्तकेन ग्रीष्मकालिकरात्रिवृत्तं कविर्वर्णयति–

सुवासितं हर्म्यतलं मनोहरं
प्रियामुखोच्छ्वासविकम्पितं[1] मधु।
सुतन्त्रिगीतं मदनस्य दीपनं
शुचौ निशीथेऽनुभवन्ति कामिनः।। 3।।

सुवासितमिति।। कामिनीः। शुचौ ग्रीष्मे। निशीथे रात्रौ। 'निशीथस्तु पुमानर्धरात्रे स्याद्रात्रिमात्रके' इति मेदिनी। मदनस्य दीपनं उत्तेजकम् सुवासितं पुष्पमालादिभिः सुगन्धीकृतम्। मनोहरं हर्म्यतलं हर्म्यपृष्ठम्। प्रियायाः कान्ताया मुखस्य उच्छ्वासेन निःश्वासेन विकिम्पतं प्रियामुखोच्छ्वासविकम्पितं मधु मद्यम्। सुतन्त्रिगीतं शोभनाः तन्त्र्यः वीणागुणा यस्य तत्सुतन्त्रि वीणादि वाद्यं तद्युक्तं गीतं च। अनुभवन्ति आस्वदन्ते। कामिनां कामिनीनां च मधुपानं कविभिर्वर्ण्यते। तथा च 'मान्यभक्तिरथ वा सखीजनः सेव्यताभिदमनङ्गदीपनम्। इत्युदारमभिधाय शंकरस्तामपाययत पानमम्बिकाम्' इति कुमारसंभवे (8।77)।

Charming mansion-terraces nicely redolent of perfumes, wine rippling with the breath of the mouths of sweet-hearts, music on a well-strung instrument,–(each) inflaming passion,– the amorous enjoy these at nights in summer.

fountain प्रकाराः—varieties. Particular kinds of gems (*e.g.* pearls) are belived to possess cooling properties and are worn to allay the heat ; *cf.* अयं कण्ठे बाहुः शिशिरमसृणो मौक्तिकसरः Uttar. I. 38. शुचिः 'the hot season' जनस्य सेव्यतां यान्ति—lit. 'people resort to the use of these', *i.e.*, take special pleasure in them. यान्ति–The verb agrees with the *combined* number of the subjects (see Apte's *Guide* §13, Ed. 6th) With this verse may be compare Rag. XIX. 45—

तं पयोधरनिषिक्त चन्दनैर्मौक्तिकग्रथितचारुभूषणैः।
ग्रीष्मवैषविधिभिः सिषेविरे श्रोणिलम्बिमणिमेखलैः प्रियाः।।

सुवासितं–Well-scented (with flowers and perfumes), हर्म्यतलं–तल here means पृष्ठ ('तलं गोधास्वरूपाधः पृष्ठेषु' इति मङ्खः), the flat roof (Mar. गच्ची) of a house. The singular तलं is जातावेकवचनम्, मधु *n.* wine. (मधु मद्ये' इत्यमरः) Compare V. 10 निशासु हृष्टाः सह कामिभिः स्त्रियः पिबन्ति मद्यं मदनीयमुत्तमम्। सुतन्त्रिगीतं–शोभनां तन्त्र्यः (तन्त्री *fem.* the string of a lute) यस्य तत् सुतन्त्रि वीणादि वाद्यं। तद्युक्तं गीतम्। Music accompanied with an instrument having good strings. मदनस्य दीपनं may go with हर्म्यतलं, मधु and °गीतं severally or with °गीतं only. *Cf.* Kum. VIII. 77. where पान is called अनङ्गदीपन. निशीथ *m.*—(a) रात्रिमध्यम् mid-night (from नि+शी to sleep, निशेरतेऽस्मिन्, by Uṇādi II. 9) ; or (*b*) रात्रिमात्रम् a

1. विकल्पितं।

नितम्बबिम्बैः [1]सदुकूलमेखलैः
स्तनैः सहाराभरणैः सचन्दनैः।
शिरोरुहैः स्नानकषायवासितैः
स्त्रियो निदाघं शमयन्ति कामिनाम्।।4।।

नितम्बेति।। दुकूलानि क्षौमाणि मेखला सरनाः ताभिः सहितैः सदुकूलमेखलैः। 'दुकूलं शलक्ष्णवस्त्रे स्यात्क्षौमे च' इति मेदिनी। नितम्बबिम्बैः नितम्बमण्डलैः। 'बिम्बं तु प्रतिबिम्बे स्यान्मंडले पुंनपुंसकम्' इति मेदिनी। हारा एवाभरणानि तेः सहितैः सहाराभरणैः। सचन्दनैः चन्दनानुलिप्तैः। स्तनैः। स्नाने यः कषायोऽङ्गरागः तेन वासितैः सुगन्धीकृतैः स्नानकषायवासितैः। 'कषायो रसभेदेऽपि निर्यासे च विलेपने। अङ्गरागे इति मेदिनी। शिरसि रोहन्तीति शिरोरुहाः। केशाः तैः शिरोरुहैः च। स्त्रियः कामिनां निदाघं ग्रीष्मोष्माणम्।'निदाघो ग्रीष्मकाले स्यादुष्मस्वेदाम्बुनोरपि' इति मेदिनी। शमयन्ति शान्ति नयन्ति। निवारयन्तीति यावत्।

Women allay the heat felt by (their) lovers, by (their) round hips having (covering) silk-cloths and waist-bands, by (their) breasts having garland and (other) ornaments, and smeared with sandal-paste, (and) by (their) hair fragrant with the cosmetics use in bathing.

नितान्तलाक्षारसरागर[2]ञ्जितै-
र्नितम्बिनीनां चरणैः सनूपुरैः।

---

night. As there is no particular reason to understand mid-night here, the latter sense has been adopted. (निशीथोऽर्धरात्रः। रात्रिमात्रं च। Bhaṭṭoji)

4. नितम्बबिम्बं–'the disc, the round orb, of the hip.' *i.e.*, the round hips. बिम्ब (an orb, a sphere) is a word often applied to the rounded parts of the body. सदुकूलमेखलैः–दुकूलं च मेखला च दुकूलमेखलं तेन सहितैः। दुकूल is a kind of silk-cloth. सहाराभरणैः–See comm., it may also be taken as हाराश्च आभरणानि च हाराभरणं तेन सहितैः। हार may taken either a flower-wreath or a necklace of pearls. शिरोरुहैः–Der. रोतसि रोहतति। स्नानकषायवासितैः–जानसंबंधी कषायः तेन वासितैः, or स्नामये कषायवासितैः। कषाय here means अङ्गरागु a particular kind of constratiprepared from various resins. (कषायो रसभेदे स्यादङ्गरागे विलेपयोदति विश्वः) निदाघः–' heat, warmth.

5. नितान्त°–नितान्तं (in a high degree) यथा तथा लाक्षारसस्य रागेण रञ्जिते, लाक्षारसः (ष.त.) is the resinous milky juice exuding from the barks of certain trees,

---

1. सुदुकूल।
2. लोहितैः।

पदे पदे हंसरुतारिभि-
र्जनस्य चित्तं क्रियते समन्मथम्।। 5।।

नितान्तेति।। नितान्तमत्यन्तं यथा तथा लाक्षारसस्य अलक्तकद्रवस्य रागेण रङ्गेण रञ्जितैः रक्तीकृतैः नितान्तलाक्षारसरागरञ्जितैः । सनूपुरैः मञ्जीरसमेतैः। पदे पदे हंसरुतानुकारिभिः हंसस्य रुतं शब्दः। 'तिरश्चां वाशितं रुतम्' इत्यमरः। तं अनुकुर्वन्ति तच्छीलैः च। 'सुप्यजातौ णिनिस्ताच्छील्ये' इति णिनिः। नितम्बिनीनां चरणैः जनस्य विषयिजनस्य चित्तं समन्मथं क्रियते।

Peoples' hearts are kindled with passion by women's feet fully dyed with the colour of the lac-resin, having anklets on, (and therefore) imitating at every step they cry of the swan.

पयोधराश्चन्दनपङ्कच[1]र्चिता-
[2]स्तुषारगौरार्पितहारशेखराः।
नितम्बदेशा[3]श्च सहेममेखलाः
प्रकुर्वते कस्य मनो न सोत्सुकम्।। 6।।

पयोधराश्चेति।। चन्दनस्य पङ्केन द्रवेण चर्चिताः अनुलिप्ताः चन्दनपङ्कचर्चिताः। तुषारगौराः हिमवच्छ्वेताः अर्पिताः हारशेखराः हारश्रेष्ठा येषु ते तुषारगौरार्पितहारशेखराः। शेखरशब्दस्य श्रेष्ठार्थकत्वं कविविवक्षितम्। प्रयोगश्चात्रैव 'कलनूपुरशेखरैः((3 I20) इति। अथ वा तुषारगौराः ये अर्पितहाराः स्थापितमुक्ताहाराः ते शेखरे अग्रभागे येषाम् इति। अत्र 'दधति वरकुचाग्रैरुन्नतैर्हारयष्टि' इति (2 I25) वर्णनमनुकूलम्। पयोधराः। सहेममेखलाः सवुर्णमेखलासंगताः नितम्बदेशाः कटिपश्चाद्भागाश्च। 'पश्चान्नितम्बः-स्त्रीकट्याः' इत्यमरः। कस्य जनस्य मनः सोत्सुकं सोत्कण्ठम्। उत्सुकमिति भावप्रधानो निर्देशः। न प्रकुर्वते इति काकुः। सर्वस्यापि कुर्वन्तीत्यर्थः। चतुर्थपद्येन प्रायः समानार्थकमेतत्पद्यम्।

Breasts smeared with thick sandal-paste (and) having at their tops snow-white (flower) wreaths, and hips with girdles of gold,–whose mind is not made to yearn (with love) by these.

लाक्षा 'lac' (Mar. लाख). The lac-dye is to colour feet ; *cf.* चरणोपभोगसुलभो लाक्षारसः Śāk. IV. 5; also to do farments ; VI. 13.

1. शीतलः।
2. तुषारहारार्पितगौरशेखराः।
3. बिम्बाश्चलहेम।

[1]समुद्गतस्वदेचि[2]ताङ्गसंधयो
विमुच्य वासांसि गुरूणि सांप्रतम्।
स्तनेषु तन्वंशुकमुन्नतस्तना
निवेशयन्ति प्रमदाः सयौवनाः ।। 7 ।।

समुद्गतेति ।। उन्नतस्तनाः उच्चपयोधराः सयौवना समुद्गतस्वेदचिताङ्गसंधयः समुद्गतेन समुत्पन्नेन स्वेदेन घर्मेण चिताः व्याप्ताः अङ्गसंधयो यासां ताः प्रमदाः। सांप्रतं अस्मिन्ग्रीष्मकाले स्तनेषु गुरूणि अलघूनि वासांसि वस्त्राणि विमुच्य परित्यज्य। तनु सूक्ष्मं अंशुकं वस्त्रं निवेशयन्ति स्थापयन्ति।

Now youthful ladies of lofty breasts, the joints of their limbs being full of perspiration appearing (in profusion), throw off (their) heavy garments and put a thin cloth over their breasts.

Reading लाक्षारसरागलोहितैः avoids the repetition of sense in राग read रञ्जित but with the reading in the text we have a pleased अनुप्रास. नूपुर —*m.n.*, a particular kind of ornament of the toed हंसरुतानुकारिभिः–the sound of नूपुरs made in walking is the to resemble the cries of swam. Compare कूजितं राजहंसानां नेदं रशिञ्जितम् Vik. IV. 14 ; also Kum. 1. 34 ; Ṛtu. III. 1; IV.4; झंकारिनूपुररवाजितराजहंसा Śṛṅg. Ś 8; नूपुरसंहरणत्पदनद्या *ibid.*, 9. It may be noted that strictly it is not the चरणs but the चरणरवs. that can be called हंसरुतानुकारिन्, *Cf.* मर्दल used for मर्दलध्वनि (II.1) and काञ्ची for काञ्चीस्वन (III. 24).

6. चन्दमपङ्क—The *mud* of चन्दन, *i.e.*, paste as thick and moist as पङ्कः *Cf.* कुङ्कुमपङ्ककलङ्कितदेहा Śṛṅg. Ś.9 तुषारगौरार्पितहारशेखराः–The comp. is awkward and probably is intended to stand for शेखरार्पिततुषारगौरहाराः (पयोधराः) (*cf.* सहाराः स्तनाः in verse 4 above). The best way of explaining it would seem to be तुषार इव गौराश्च तेऽर्पिताश्च ये हाराः ते शेखरेषु अग्रेषु येषाम् *cf.* दधति वरकुचाग्रैरुन्नतैर्हारयष्टिं II.25. तुषारः, snow. If we understand by शेखर wreaths of flowers the compound is not made simpler and there is repetition of meaning in हार and शेखर. Man. has तुषारगौराः अर्पिताः हारशखराः श्रेष्ठहाराः येषुः but the use of शेखर in this sense is somewhat rare, although found at III. 20. We do not know if the sense 'camphor' given of तुषारगौर in this passages by M.—W. is authentic; even that does not made the compound easier. नितम्बदेशाः–lit. the portions of the body near and includings the hips. प्रकृर्वते – there is not special force of प्र, unless it is प्रकर्षेण, सोत्सुकं–उत्सुकं sorrow, longing, anxiety तेन सहितम्, कस्य न प्रकुर्वते–अपि तु सर्वस्यैवेत्यर्थः। This verse repeats some of the ideas of verse 4.

7. चित्त–Full (व्याप्त) तनु–thin (सूक्ष्म) उन्नतस्तनाः–the feminine form, it should be noted, is either उन्नतस्तना or उन्नतस्तना।

---

1. समुद्यत।
2. शिताङ्ग।

सचन्द[1]नाम्बुव्यजनोद्भवानिलैः
सहारयष्टिस्तनमण्डला[2]र्पणैः।
सवल्लकीकाकलिगीतनिस्वनैः-
[3]र्विबोध्यते सुप्त इवाद्य मन्मथः।।8।।

सचन्दनेति।। सचन्दनाम्बुव्यजनोद्भवानिलैः चदनाम्बुना चन्दनोदकेन सहितं यव्यजनं तालवृन्तं तस्मादुद्भवो येषां तैरनिलैः समीरैः। सहारयष्टिस्तनमण्डलार्पणैः हारयष्टिभिः मुक्ताहारलताभिः सहितानि यानि स्तनमण्डलानि स्तनप्रदेशाः तेषां अर्पणैः प्रदानैः।'हारो मुक्तावली' इत्यमरः।'यष्टिर्हारलताशस्त्रभेदयोः' इति विश्वः।'मण्डलं परिधौ कोठे देशे' इति मेदिनी। वल्लकीनां वीणानां काकलिभिरव्यक्तसूक्ष्मध्वनिभिः सहितं यद्गीतं तस्य निस्वनैर्ध्वनिभिः सवल्लकीकाकलिगीतनिस्वनैः च। 'काकली तु कले सूक्ष्मे' इत्यमरानुसारेण काकलीशब्दस्य दीर्घान्तत्वेऽपि अपरः ह्रस्वान्तः काकलिशब्दोऽस्ति। 'साधूदितं काकलिभिः कुलीनैः' इत्यभिनन्दप्रयोगात्। अद्य अस्मिन्ग्रीष्मसमये सुप्तः इव प्रसुप्तनायकः इव सुप्तो निद्रितः मन्मथः विबोध्यते जागृतिं नीयते। स्त्रीभिरिति शेषः। यथा कामाभिभूताः प्रमदाः व्यजनानिलादिभिरुपायैः प्रसुप्तं नायकं प्रबोधयन्ति तथा ग्रीष्मे प्रसुप्तमपि काममेतैरुपायैः प्रबोधयन्तीति भावः। उक्तं च भोजराजेन–'मृदुभिर्मर्दनैः पादे शीतलैर्व्यजनैस्तनौ। श्रुतौ च मधुरैर्गीतैर्निद्रातो बोधयेत्प्रभुम्' इति।

To-day (sleeping) Love is being awakened, like a sleeping (lover), by the breezes produced by and wet with water mixed with sandal-paste, by the placing of round breasts having strings of necklaces, (and) by the hum of the music of *vallakī* and *kākali* lutes.

8. सहारयटि°–A *yaṣṭi* is properly one of the many strings which go to form a whole *hāra* (necklace); hence collective, the whole हार. सहार°–Diss. हारस्य या यष्टयः तत्सहितानि यानि स्तनमण्डलानि तेषां (सुप्ते नायके) अर्पणं तैः। सवल्लकी°–Diss. सवल्लक्यः याः काकलयः तासां गीतस्य निस्वनैः। (वल्लकी 'a kind of lute'; काकलि is a musical instrument with a low tone). काकलि also means 'a soft, sweet sound', and with that meaning we may explain as वल्लक्याः काकलिना सहितं यद्गीतं, तद्वल्लकीकलिगीतं तस्य निस्वनः etc. विबोध्यते etc. —Construe सुप्त इव (प्रसुप्तनायक इव) (सुप्तः) मन्मथः विबोध्यते—just as women would awaken their

1. चन्दनेन्दु।
2. °लार्पितैः।
3. प्रबुध्यते।

सितेषु हर्म्येषु निशासु योषितां
सुख[1]प्रसुप्तानि मुखानि चन्द्रमाः।
विलोक्य [2]नूनं भृशमुत्सुकश्चिरं
निशाक्षये याति ह्रियेव पाण्डुताम्।। ९।।

सितेष्विति।। भृशं अत्यंत उत्सुकः उत्कण्ठितः। चन्द्रमाः। निशासु रात्रिषु। 'वष्टि भागुरिरल्लोपमवाप्योरुपसर्गयोः। आपं चैव हलन्तानां यथा वाचा निशा दिशा' इति भागुरिमतानुसारेणायं प्रयोगः। सितेषु शुभ्रेषु। हर्म्येषु धनिनां गृहेषु। 'हर्म्यादि धनिनां वासः' इत्यमरः। योषितां सुखप्रसुप्तानि सुखं यथा तथा निद्रितानि। मुखानि। अत्र योषिन्निष्ठप्रस्वापस्य मुखे आरोपः। चिरं विलोक्य। निशाक्षये प्रातःकाले। नूनम् इति निश्चयार्थकम्। ह्रिया इव। सर्वजननमस्यश्चन्द्रोऽपि भूत्वा कथं परकान्तामुखावलोकने ईदृगासक्तोऽभूवमिति लज्जयेव। पाण्डुतां धूसरतां याति। हेतूत्प्रेक्षालंकारः। 'विलोक्य निर्यन्त्रणम्' इति पाठे निर्यन्त्रणं निष्प्रतिबन्धम्। 'ह्रियैव' इति पाठे नूनमित्युत्प्रेक्षार्थकम्। सितेष्विति हर्म्यविशेषणं सुखप्रसुप्तानीति मुखविशेषणं च सम्यङ्मुखविलोकनस्यानुकूल्यप्रदर्शनार्थकम्।

At seeing, for long, during, nights women's faces, happily sleeping, in white mansions, the moon, (who was) greatly desirous (of seeing them), surely becomes pale at the end of nights with shame as it were.

अतीतपद्यसप्तकेन ग्रैष्मान्निशावृत्तान्तानुपवर्ण्य वक्ष्यमाणैः पद्यैः दिवावृत्तान्तानुपवर्णयति। तत्र प्रथमं प्रवासिजनदुर्दशामाह–

sleeping lovers by these things. The feeling of love being dormant, it is kindled by these. *Cf.* मृदुभिर्मर्दनैः पादे शीतलर्व्यजनैस्तनौ। श्रुतौ च मधुरैर्गीतैर्निद्रातो बोधयेत्प्रभुम्।। Bhoja quoted by Malli. on Megh. II. 37.

9. सुखप्रसुप्तानि–सुखं यथा तथा प्रसुप्तानि 'gone to sleep without any misgiving that some one would gaze on them'. Strictly it is not the मुख्s, but the योषित्s, who are asleep. याति ह्रियेव,–the metre appears faulty since ति, being followed by a conjunct consonant, becomes गुरु, While it ought to be लघु; but this license is excused by a special rule which makes the conjunct consonant ह्र an exception ; *cf.* प्राप्य नाभिह्रदमज्जनमाशु Śiś. X. 60. ह्रियेव etc.— उत्सुकः on seeing their superior beauty; he begins to keep gazing on them, after that he becomes conscious of a sence of shame that even he kept looking stealthily at the faces of sleeping women, and turns pale.

1. सुखानि सुप्तानि।
2. निर्यन्त्रणं निर्यन्त्रितं।

असह्य[1]वातोद्धतरेणुमण्डला
प्रचण्डसूर्यातपतापिता मही।
न शक्यते द्रष्टुमपि प्रवासिभिः
प्रियावियोगानलदग्धमानसैः ।। 10 ।।

असह्येति।। असह्येन अत्युष्णतया दुःसहेन वातेन उद्धतमुत्क्षिप्तं रेणुमण्डलं रजःसमूहः यस्यां सा असह्यवातोद्धतरेणुमण्डला। प्रचण्डस्य सूर्यस्यातपेन प्रकाशेन 'प्रकाशो द्योत आतपः' इत्यमरः तापिता प्रचण्डसूर्यातपतापिता। मही। प्रियाणां कान्तानां वियोग एवानलो वह्निः तेन दग्धंमानसं येषां तैः प्रियावियोगानलदग्धमानसैः प्रवासिभिः पथिकैः। द्रष्टुमपि न शक्यते। गन्तुं न शक्यते इति किमु वक्तव्यमिति भावः।

Travellers, whose hearts are scorched by the fire of separation from their sweethearts, cannot even look at the earth, wherein columns of dust are raised by unbearable gusts (of wind), (and) which is heated by the blaze of the fierce sun.

मृगाः प्रचण्डातपतापिता भृशं
तृषा महत्या परिशुष्कतालवः।
वनान्तरे तोयमिति प्रधाविता
निरीक्ष्य भिन्नाञ्जनसंनिभः नभः। 11 ।।

मृगा इति।। भृशं। प्रचण्डातपतापिताः प्रचण्डेन आतपेन सूर्यप्रकाशेन तापिताः। महत्या । तृषा पिपासया परिशुष्काणि तालूनि येषां ते परिशुष्कतालवः। च मृगाः। वनान्तरे अन्यस्मिन्वने। भिन्नाञ्जनसंनिभं भिन्नं चूर्णितं यदञ्जनं सौवीरम्। भिन्नं मर्दितं अञ्जनं कज्जलमिति वा। तेन संनिभं सदृशम्। नभः। निरीक्ष्य। तोयम्। इति बुद्ध्या प्रधाविताः प्रद्रुताः। भ्रान्तिमदलंकारः।

Exceedingly scorched by the firece sunshine, (and) their palates dried up by great thirst, the beasts have started off to another forest, seeing (in that direction) the sky appearing (black) like powdered collyrium, and thinking it to be water.

10. असह्य॰–असह्यवातेन उद्धतं (fr. उद्+हन् to throw up) रेणुमण्डलं यस्याम्. Spiral columns of dust raised by violent gusts are a common sight in this season. प्रवासिभिर्मही द्रष्टुं न शक्यते–Note the construction. The active form was प्रवासिनः महीं द्रष्टुं न शक्नुवन्ति; in the passive we can have either प्रवासिभिर्मही द्रष्टुं न शक्यते or प्रवासिभिर्महीं द्रष्टुं न शक्यते, although the former is more common, See Apte's *Guide*, 179 (Ed. 6th).

11. मृगाः–'Beasts' in general, not necessarily 'deer'. तृषा Instr. sing of

1. वातोद्गत। वातोक्षित।

सविभ्रमैः सस्मितजिह्मवी[1]क्षितै-
र्विलासवत्यो मनसि प्रवा[2]सिनाम्।
अनङ्गसंदीपनमाशु कुर्वते
यथा प्रदोषाः शशिचारुभूषणः।। 12।।

सविभ्रमैमरिति। यथा शश्येव चारु भूषणं येषां ते शशिचारुभूषणाः। प्रदोषाः संध्यासमयाः तथा विलासवत्यः विलासिन्यः। विभ्रमेण विलासेन सहितैः सविभ्रमैः सस्मितैः ईषद्धास्यसहितैः जिह्मवीक्षितैः कुटिलावलोकनैः सस्मितजिह्मवीक्षितैः। प्रवासिनां। मनासि। आशु शीघ्रं अनङ्गसंदीपनं मदनस्य उद्दीपनं कुर्वते। इदं पद्यं ग्रीष्मध्याह्नवर्णनप्रस्तावे प्रकरणविरुद्धार्थप्रतिपादनेन सहृदयानां वैमुख्यं जनयति। अत्रल्योपमाऽपि दोषदुष्टा वर्तते। अत एवत्पद्यं केनापि प्रक्षिप्तमिति प्रतिभाति।

Like evenings with the beautiful ornaments of the moon, women, having *ornaments beautiful like the moon,* quickly kindle lone in the hearts of travellers, by means of their sportive and laughing side-glances.

रवेर्मयूखैरभितापितो भृशं
विदह्यमानः पथि तप्तपांसुभिः।
अवाङ्[3]मुखो जिह्मगतिः श्वसन्मुहुः
फणी मयूरस्य तले निषीदति।। 13।।

रवेरिति।। रवेः मयूखैः भृशं अभितापितः। तप्तपांसुभिः संतप्तधूलिभिः पथि विदह्यमानः विशेषेण संतप्यमानः। अवाक् अधः मुख यस्य सः अवाङ्मुखः। जिह्मा कुटिला गतिर्गमनं यस्य सः जिह्मगतिः च। फणि भुजगः मुहुः श्वसन् फूत्कारं कुर्वन्। मयूरस्य तले निषीदति।

Being greatly scorched by the rays of the sun and parched in the way by the hot dust, a snake with its mouth turned downwards (and) moving tortuously, is lying under (the shadow of) a peacock, taking rapid breath.

तृष् *f.* 'thirst'. The word तृषा *f.* is also met with वनान्तरे-अन्यस्मिन् वने। प्रधाविताः–Supply भवन्ति, प्र+धाव् I.U. to run forward, set out, start. भिन्न—Broken, powered. (Comp. प्रभिन्न at II.2).

12. विभ्रम–Playfulness. जिह्म–*adj*, oblique, crooked. प्रदोष–*m.* रजनीमुखं 'the

---

1. मीक्षितैः।
2. प्रसंगिनां।
3. अवाक्फणो।

तृषा महत्या हतविक्रमोद्यमः
श्वसन्मुहु[1]र्दूरविदारिताननः।
न हन्त्य[2]दूरेऽपि [3]गजान्मृगेश्वरो
विलोलजिह्वश्च[4]लिताग्रकेसरः ।। 14 ।।

तृषेति ।। महत्या तृषा पिपासया। हतविक्रमोद्यमः हतो नष्टः विक्रमस्य आक्रमणस्य उद्यमो व्यवसायो यस्य सः। मुहुः श्वसन्। दूरं अतिमात्रं विदारितं विस्तारितं आननं येन सः दूरविदारिताननः। विशेषेण लोला चञ्चला जिह्वा यस्य सः विलोलजिह्वः। चलितानि कम्पितानि अग्राणि येषां तादृशाः केसराः सटाः यस्य सः चलिताग्रकेसरः च। चलिताः अग्रकेसराः श्रेष्ठकेसराः इति वा। 'अग्रं. . . .प्रधाने' इति मेदिनी। मृगेश्वरः सिंहः अदूरे अपि स्वसमीपेऽपि। प्राप्तानिति शेषः। गजान् न हन्ति।

Leaning off his mighty efforts on account of great thirst, (and) panting repeatedly with his jaws wide agape, the lord of beasts (lion), with his tongue lolling (and) the ends of his mane quivering, does not kill elephants, though (they are) not far (from him).

---

early part of the night'. शशिचारुभूषणाः-शशी एव चारु भूषणं येषां। शशिचारु॰ can also be taken with विलासवत्यः (शशिवच्चारूणि भूषणानि यासां). यथा etc.—The flame of passion is fanned in the minds of travellers by looking at the moon in the evening as well as by the glances of ladies. This verse seems out of place in the description of mid-day heat which began at verse 10.

13. अवाक्–*ind.* downwards, towards the ground. जिह्मगतिः–moving tortuously, —which is the habit of reptiles. फणी etc.—there is a natural antipathy between the serpent and the peacock, but even that is forgotten by the snake, so overpowering is the need for a cool place of shelter. The reason of the indifference of the peacock may be found in verse 16.

This verse is quoted in सुभाषितावलि (No. 1703) anonymously where Peterson's text reads अवाक्फणोजिह्मगतिः, it is also quoted anonymously in शार्ङ्गधरपद्धति (No. 3838) with the reading अवाक्फणः।

14. हत॰–हतः विक्रमे (towards an attack) उद्यमः यस्य। हन्ति–*i.e.,* although there is a natural hostility between the two. अदूरेऽपि–*scil.* प्राप्तान्। चलिताग्रकेसरः–चलिताग्राः केसराः स्कन्धबालाः यस्य।

---

1. भूरि।
2. ॰न्त्यदूरोऽपि।
3. मृगं मृगाधिपः।
4. चलितस्वकेसरः।

विशुष्कक[1]ण्ठोद्गतशीकराम्भसो
गभस्तिभिर्भानुमतोऽभिता[2]पिताः।
प्रवृद्धतृष्णोपहता जलार्थिनो
न दन्तिनः केसरिणोऽपि बिभ्यति।। 15।।

विशुष्केति। विशुष्ककण्ठोद्गतशीकराम्भसः विशुष्केभ्यः कण्ठेभ्यः उद्गतं शांकरमिश्रमम्भः येषां ते। विशुष्ककण्ठाहृत॰ इति पाठे विशुष्ककण्ठेभ्यः आहृतं गृहीतं शीकराम्भः यैस्ते। घर्माभितप्तैर्गजैः स्वमुखे शुण्डां संस्थाप्य ततो गृहीतैः शीकराम्भोभिः स्वशरीरमभ्युक्ष्यत इति गजानां स्वभावः। भानुमतः सूर्यस्य गभस्तिभिः किरणैः अभितापिताः। प्रवृद्धया वृद्धिं प्राप्तया तृष्णया उपहताः पीडिताः प्रवृद्धतृष्णोपहताः अत एव जलार्थिनः दन्तिनः द्विरदाः केसरिणः अपि सिंहादपि न बिभ्यति भीतिं नाप्नुवन्ति।

Parched by the rays of the sun and moist foam coming out of their dried mouths, elephants, suffering from great thirst, (and) seeking water, are not afraid even of the lion.

---

15. विशुष्ककण्ठोद्गतशीकराम्भसः–Owing to excessive heat the elephants are foaming at the mouth (विशुष्ककण्ठेभ्य उद्गतं शीकरमिश्रमम्भः येषां). The reading विशुष्ककण्ठाहृतशीकराम्भसः is interpreted by Man. as 'taking in the water, drizzling in spray, with their dried throats' (विशुष्ककण्ठैः आहृतं गृहीतं शीकरसहितं अम्भो यैः). But if the water is already आहृत, जलार्थिनः etc. coming after विशुष्क॰ looks inconsisent and hence, we have adopted the reading in the text. Another explanation of विशुष्ककण्ठाहृत॰ is based on the fact, as stated by the comm., that it is a habit of elephants, when very thirsty, to insert their trunks in their dried-up throats and bring out watery foam, ejecting it upwards and letting it fall in spray. शीकर–spray ; 'शीकरोऽम्बुकणाः सृताः' इत्यमरः अभितापिताः–is preferable to अनुतापिताः for the sake of a alliteration (the recurence of भ). जलार्थिनः–obviously, they take water from the same stream or pond from which a lion is drinking, but their great need makes bold. दन्तिन्–*tusker* is the corresponding English word; अतिशयितौ दन्तौ अस्य; इन् shows hugeness. केसरिण–Ablative by 'भीत्रार्थानां भयहेतुः' Pāṇ I. 4. 25. बिभ्यति – is third pers. plural, present tense, of भी।

---

1. कण्ठाहत। कण्ठोद्गत। कण्ठोत्थितं।
2. ॰नुतापिताः पि तापिताः।

हुताग्निकल्पैः सवितुर्गभ[1]स्तिभिः
कलापिनः क्लान्तशरीरचेत[2]सः ।
न भोगिनं घ्नन्ति समीपवर्तिनं
कलापचक्रेषु निवेशिताननम् ।। 16 ।।

हुताग्नीति। सवितुः हुताग्निकल्पैः। हुताः दत्तहविषः अग्नयः वह्नयः। ईषदूनाः हुताग्नयः हुताग्निकल्पास्तैः। हुताग्नितुल्यैरिति यावत्। 'ईषदसमाप्तौ कल्पब्देश्य-देशीयरः' इति कल्पप्। गभस्तिभिः। क्लान्तशरीरचेतसः क्लान्तानि शरीराणि चेतांसि च येषां ते। कलापिनः बर्हिणः। कलापचक्रेषु बर्हमण्डलेषु। निवेशिताननं निवेशितं स्थापितं आननं येन तं समीपवर्तिनं। अपिर्गम्यः । भोगिनं भुजगं। न घ्नन्ति न हिंसन्ति।

Being exhausted physically and mentally by the rays of the sun resembling fire to which oblations have been offered, peacocks do not kill serpents, (although) they are near, which have thrust their necks (for shelter) in the circles on their tails.

[3]संभद्रमुस्तं [4]परिशुष्ककर्दमं
सरः खनन्नायतपोत्र[5]मण्डलैः ।

16. हुत–and therefore burning the more fiercely. हुताग्निकल्पः–Diss. ईषदूनो हुताग्निर्हुताग्निकल्पः कल्पः is a termination added in the sense of 'a little less than', 'almost equal to', 'similar to,' by the Sūtra 'ईषदसमाप्तौ कल्पब्देश्यदेशीयरः' Pāṇ. V.3. 67 कलापिन्–a peacock (कलापः peacok's tail अस्यास्तीति। भोगिन्–a snake (भोगः a snake's hood or body अस्यास्तीतिः भोगिनं is जातवेकवचनम्।)। समीपवर्तिनं–supply अपि। कलापचक्रं –'the circle of a peacock's tail' (*i.e.,* the circular rings of colour on it). The word occurs again at II. 14. In the present verse, however, there is no special propriety of mentioning चक्र since कलापेषु would have done eqally well. To take चक्र in the sense of मण्डल would suit here, but not so well at II. 14.

17. भद्रमुस्त–*m.* a kind of fragrant grass growing up damp water logged places (Mar. नागरमोथा). The hogs are specially fond of this ; *cf.* विश्रब्धं क्रियतां वराहततिभिर्मुस्ताक्षतिः पल्वले Śāk. II. 6. पोत्र *n.* — the snout o a hog (a special

1. मरीचिभिः।
2. चेतनाः।
3. सुभद्र॰।
4. परिपाण्डु॰।
5. पोतृ।

[1]रवेर्मयूखैरभितापितो भृशं
वराहयूथो विशतीव भूतलम्।। 17।।

सभद्रेति। रवेः मयूखैः भृशं अभितापितः। अत एव आयतपोत्रमण्डलैः आयतैर्दीर्घैः पोत्रमण्डलैः मुखाग्रप्रदेशैः। पूयतेऽनेनेति पोत्रम्। 'हलसूकरयोः पुवः' इति ष्ट्रन्। 'पोत्रं वस्त्रे मुखाग्रे च सूकरस्य हलस्य च' इति। 'मण्डलं परिधौ कोठे देशे' इति च मेदिनी। सभद्रमुस्तं भदमुस्तैः भाषायां 'नागरमोथा' इति प्रसिद्धैः सहितं परिशुष्ककर्दमं परिशुष्कं कर्दमः यस्मिंस्तत्। सरः खनन् अवदारयन्। वराहयूथः सूकरसमूहः। भूतलं भूम्यधोभागम्। 'अधःस्वरूपयोरस्त्री तलम्' इत्यमरः। विशतीव उत्प्रेक्षायामिव शब्दः।

Greatly scorched by the rays of the sun, a herd of wild boars are as it were entering the earth, diggning by means of rows of (their) long-stretching snouts a pond wherein the mud has dried up and (only) the *bhadramasta* grass remains.

विवस्वता तीक्ष्ण[2]तरांशुमालिना
सपङ्कतोयात्सरसोऽभितापितः।
उत्प्लुत्य भेकस्तृषितस्य भोगिनः
फणातपत्रस्य तले निषीदति।। 18।।

विवस्वतेति। तीक्ष्णतराः प्रखरतराः अंशुमालाः किरणपरंपराः सन्त्यस्य तेन तीक्ष्णतरांशुमालिना। विवस्वता सूर्येण। अभितापितः भेकः मण्डूकः। पङ्केन सहितं तोयं यस्मिन् तस्मात् सपङ्कतोयात्। सरसः कासारात् उत्प्लुत्य। तृषितस्य भोगिनः सर्पस्य फणैवातपत्रं छत्रं तस्य फणातपत्रस्य तले अधः प्रदेशे निषीदति।

Scorched by the sun with its fierce rays, the frog leaps up from the pond whose water is muder, and sits under (the shadow of) the umbrella-like hood of a thirsty snake.

---

formation according to 'हलसूकरयोः पुवः' Pāṇ. III. 2. 183). मण्डलैः – is करणे तृतीया, going with खनन्, वराह –*m*, a hog, a boar. यूथ, being a word of the अर्धर्चादि group, is both *mas.* and *neuter.* विशतीव–nearly all the water in the pond has evaporated, and the hogs, digging small pits to find what moisture they can, appear as it entering the earth (in that place).

18. विवस्वत्–'The Sun'. तीक्ष्णतर — the comparative affix has an intensive force here. तीक्ष्णतरांशुमालिना–मालिन् at the end of compounds has the sense of

---

1. प्रदीप्तमासा रविणाभितापितः।
2. तीव्रतरां°।

समुद्धृताशेषमृणालजालकं
विप[1]न्नमीनं [2]द्रुतभीतसारसम्।
परस्परोत्पीड[3]नसंहतैर्गतजैः
[4]कृतं सरः सान्द्रविमर्दकर्दमम्।। 19।।

समुद्धृतेति। परस्परं उत्पीडनं संघर्षणं यत्र यथा तथा संहतैः संलग्नैः परस्परोत्पीडनसंहतैः गजैः। सरः। समुद्धृताशेषमृणालजालकं समुद्धृतानि समुत्क्षिप्तानि अशेषाणि मृणालजालकानि बिसवृन्दानि यस्मात्तत्। विपन्नमीनं विपन्ना नाशं गताः मीना यस्मिंस्तत्। द्रुतभीतसारसं द्रुतः पलायिताः भीतसारसाः भीतपुष्कराह्वाः यस्मात्तत्। सान्द्रविमर्दकर्दमम्। सान्द्रः निविडः विमर्दः मर्दनं यस्य तादृशः कर्दमः पङ्कः यस्मिन् तादृशं कृतम्।

Elephants herded so as to jostle against one another have made the lake one from which all the mass of lotus-roots is torn up, in which the fish are dead, from which all swans have fled away in fear, (and) which is full of thick mud owing to (their) trampling.

'surounded by', 'crowned by' ; *cf.* ततोवेलातटेनैव फवत्पूगमालिना Rag. IV. 44. सपङ्कतोयात्सरसः–(1) सपङ्कतोयात् *adjective* of सरसः सपङ्कं तोयं यस्य तस्मात् सरसः। (2) सरसः Gen. sing. ('of the pond') सपङ्कं यत्तोयं तस्मात्। The water has mostly diappeared and only patches of mud remain, which are no protection against he sun. फणातपत्रं–फणा एवातपत्रं or फणा आतपत्रमिव। The third पाद in this stanza has the first letter गुरु and is thus इन्द्रवंशा metre (तच्वेन्द्रवंशा प्रथमाक्षरे गुरौ). The whole stanza is therefore in जाति (उपजाति) metre. (इत्थं किलान्यास्वपि मिश्रितासु वदन्ति जातिष्विदमेव नाम)।

19. मृणाल–*n.* (lit. 'liable to be crushed' from मृण् 6. P. to injure) is the delicate fibrous root of some kinds of lotus. जालक–*n.* a multitude. विपन्न–*p.p* dead (fr. वि+पद्, to die). सासः *m.* kind of swan (हंसभेदः) परस्परोत्पीडन–*n.* pressing against one another ; संहत coming closely together ; परस्परं उत्पीडनं यथा स्यात्तथा संहतैः। सान्द्रविमर्दकर्दमम्–सान्द्रः विमर्देन (trampling, pounding) संजात कर्दमो यस्मिन् तत्।

---

1. विखिन्न।
2. मीनाद्धुतभतिसारसम्।
3. पीडित।
4. क्षतम्।

रविप्रभोद्भिन्नशिरोमणिप्रभो
विलोलजिह्वाद्वयलीढ[1]मारुतः।
विषा[2]ग्निसूर्यातपतापितः फणी
न हन्ति मण्डूककुलं तृषाकलः[3]।।।20।।

रविप्रभेति। रवेः प्रभया उद्भिना उद्गता शिरोमणिप्रभा मस्तकमणिकान्तयः यस्य सः रविप्रभोद्भिन्नशिरोमणिप्रभः। विलोलेन तरलेन जिह्वाद्वयेन लीढः आस्वादितः मारुतः पवनः येन सः विलोलजिह्वाद्वयलीढमारुतः विषाग्नि सूर्यातपश्च तेन तापितः विषाग्निसूर्यातपतापितः। अत एव तृषा आकुलः। फणी भुजगः मण्डूककुलं भेकसमूहं न हन्ति।

The lusture of its head-gem being made (more) manifest by the glare of the sun, (and) inhaling wind by means of its lolling forked tongue, the thirsty snake does not kill the numberless frogs (although) it is tormented by the blaze of the sun and by the fire of (its own) poison.

सफेनला[4]लावृतवक्त्रसंपुटं
विनिः[5]सृतालोहितजिह्वमुन्मु[6]खम्।

20. उद्भिन्न–Produced, getting forth. The idea is that the gem on the head of the serpent shot forth its rays, being in the sunlight.There is a popular belief that serpents have a *maṇi* in their head ; *cf.* मणिना भूषितः सर्पः किमसौ न भयंकरः। Hitop. II. 89. जिह्वाद्वय–the forked tonge of the snake appears like *two tongues.* °लीढमारुतः–serpent are supposed to feed on air ; *cf.* the epithets पवनाशन, वातभुक् etc., applied to them. The word मारुत is met with variously as मरुत्, मरुत or, मारुत। विषाग्निसूर्यातपतापितः means 'विषग्निना सूर्यातपेन' च तापितः। M.—W.'s rendering of विषाग्नि–'burning poison'—is unintelligible. Maṇi's explanation [विषं (the snake's own) अग्निः (a forest-conflagration supposed to be raging) सूर्यातपश्च तैः तापितः] is quite far-fetched. हुताग्नि-सूर्यातपतापितः–this reading is simpler and is supported by the first line of verse 16. This verse is quoted in the सुभाषितावलि (No. 1704) anonymously, where Peterson's text reads विषाग्नि°. . . .तृषातुरः।

21. सफेनलावृतं°–This reading (सफेनं च लालावृतं च वक्त्रसंपुटं यस्य) is better

1. पीत।
2. हुताग्नि°।
3. कुलं।
4. लोलायत।
5. विनिर्गता।
6. उत्सुकम्।

तृषाकुलं निःसृतमद्रिग[1]ह्वरा-
दवे[2]क्षमाणं महिषीकुलं जलम्।। 21।।

सफेनेति। सफेनं रोमन्थोद्गतसहितं लालावृतं च वक्त्रसंपुटं यस्य तत् सफेन-लालावृतवक्त्रसंपुटम्। विनिःसृता मुखाद्बहिर्निर्गता आलोहिता ईषद्रक्ता जिह्वायस्य तत् विनिःसृतालोहितजिह्वम्। तृषाकुलं। ऊर्ध्वं मुखं यस्य तत् उन्मुखं च महिषीकुलं महिषीयूथं जलं अवेक्षमाणं गवेषयमाणं सत्। अद्रिगह्वरात् पर्वतबिलात्। निःसृतम्।

With (their) hollow, foaming mouths covered with saliva, and (their) reddish tongues protruding, a thirsty herd of (wild) female buffaloes have come out of the mountain-cavern, with upraised heads, in search of water.

पटुतरदवदा[3]होच्छुष्कस[4]स्यप्ररोहाः
परुष[5]पवनवेगोत्क्षिप्तसंशुष्कपर्णाः।
दिनकरपरिता[6]पक्षीणतोयाः समन्ता-
द्विदधति भयमुच्चैर्वीक्ष्यमाणा वनान्ताः।। 22।।

पटुतरेति। पटुतरदवदाहेन प्रबलतरदावाग्नितापेन उच्छुष्काः सस्यप्ररोहाः वृक्षादिफलाङ्कुराः येषु ते पटुतरदवदाहोच्छुष्कसस्यप्ररोहाः। परुषस्य रूक्षस्य 'परुषं कर्बुरे रूक्षे' इति मेदिनी। पवनस्य वेगेन उत्क्षिप्तानि ऊर्ध्वं नीतानि संशुष्कपर्णानि येषु ते परुषपवनवेगोत्क्षिप्तसंशुष्कपर्णाः। समन्तात् सर्वतः दिनकरस्य परितापेन क्षीणानि तोयानि येषु ते। दिनकरपरितापक्षीणतोयाः च वनान्ताः। वनप्रान्ताः। 'अन्तं स्वरूपे निकटे प्रान्ते' इति हैमः। वीक्ष्यमाणाः आलोक्यमानाः सन्तः उच्चैः महत्। 'महत्युच्चैः' इत्यमरः। भयं विदधति भीतिमुत्पादयन्ति।

The forest-regions when looked at make one very apprehensive, the shoots of corn (in them) being dried up by the burning of a very fierce conflagration, the sear leaves being carried aloft by the swift, violent winds, (and) the water on all sides being diminished by the heat of the sun.

---

than °लोलायत° (सफेनं च लोलं च shaking आयतं च long वक्त्रसंपुटं यस्य), since लोल does not appear to yield a good sense. °वक्त्रसंपुटं-वक्त्रस्य संपुटः, the cavity of the mouth.

22. पटुतर–See not on तीक्ष्णतर, verse 18. पटु 'intense, fierce', ('पटुस्तीक्ष्णे' इति रुद्रः). दव here means अरण्यवह्निः See note on verse 25. परुष–strong, violent ; *cf.*

---

1. कन्दरात्।
2. गवेषयाणं-अवेक्षयमाणं।
3. दाहात्। वनदाहात्।
4. शष्पप्ररोहाः।
5. पवनवेगात्।
6. परितापात्।

श्वसिति विहगव[1]र्गः शीर्णपर्णद्रुभस्थः[2]
कपिकुलमुपयाति क्लान्तमद्रेर्निकुञ्जम्[3]।
भ्रमति गवययूथः सर्वतस्तोयमिच्छ-
ञ्छरभकुल[4]मजिह्मं प्रो[5]द्धरत्यम्बु कूपात्।। 23।।

श्वसितीति। शीर्णानि गलितानि पर्णानि येषां ते च ते द्रुमाश्च तेषु तिष्ठति सः शीर्णपर्णद्रुमस्थः विहगवर्गः पक्षिसमूहः। श्वसिति। प्रमाणाधिकमिति शेषः। क्लान्तं ग्लानं कपिकुलं अद्रेः निकुञ्जं लतादिपिहितस्थानम्। 'निकुञ्जकुञ्जौ वा क्लीबे लतादिपिहितोदरे' इत्यमरः। उपयाति। गवययूथः तोयाम् इच्छन् सर्वतः भ्रमति। शरभकुलं शरभाणां अष्टापदप्राणिविशेषाणाम्।'अष्टापदे च करभे शरभः स्यान्मृगान्तरे' इति रभसः। कुलं समूहः। अजिह्मं निरलसं सत्। 'जिह्मस्तु कुटिलेऽलसे' इत्यमरः। कूपात् अम्बु। प्रोद्धरति उद्गृह्णातीत्यर्थः।

All birds are panting, sitting on trees whose leaves have fallen off ; troops of fatigued monkeys are resorting to mountain-caverns ; herds of oxen are wandering in every direction, looking for water ; and a covey of *śarabhas* is straightway taking up water from a well.

अतिशयपरुषाभिर्ग्रीष्मवह्नेः शिखाभिः II. 27. उच्चैः–*ind.* 'very much'– to be construed with भयं विदधति। वनान्ताः–'forest-regions' (अन्त in the sense of प्रान्त) ; *cf.* अन्तःकूजमुखरशकुनो यत्र रम्यो वनान्तः। Uttar. II. 25.

23. शीर्ण–*p.p.* of शॄ 9. P to hart मिकुञ्ज–a cavern thickly overgrown with bushes and creepers. *Cf.* पर्यन्तभूधरकुिञ्जविजृम्भमाणो etc. Māl. M. IX. 3. गवय–*m.* a species of ox. (Mar. गवा). शरभ–*m.* a kind of fabulous beast supposed to have eight legs and represented as stronger that the lion and the elephant. Maṇ. representes them to be birds, while in Ak. they ae distinctly called a पशुजाति। अजिह्मं *ind.* (going with प्रोद्धरति) 'not crookedly, 'straight' ; the *Śarabhas* being physically superior to other beasts are *directly* taking up water from the well, swooping down upon it (if Śar. means a bird). It is possible to construe अजिह्मं with शरभकुलं taking अजिह्मं in the sense of निरलसं 'industriously'. We may also take शरभ in the sense of करभ 'a young elephant' (a meaning given in the शब्दकल्पद्रुम whic quotes this passage).

---

1. वृन्दः।
2. द्रुमान्तः।
3. निकुञ्जे।
4. अजिह्म°।
5. प्रोद्धरेदम्बु।

विकचनवकुसुम्भस्वच्छसिन्दूरभासा
[1]प्रबलपवनवेगोद्धत[2]वेगेन तूर्णम्।
[3]तरुविटपलताग्रालिङ्गनव्याकुलेन
दिशि दिशि परिदग्धा भूमयः पावकेन।। 24।।

विकचेति। विकचानि फुल्लानि यानि नवकुसुम्भानि नूतनकुसुम्भपुष्पाणि स्वच्छं निर्मलं यत्सिन्दूरं नागसंभवं 'शेंदूर' इति ख्यातं। 'सिदूरं नागसंभवम्' इत्यमरः। तस्य भाः इव भाः यस्य तेन विकचनवकुसुम्भस्वच्छसिन्दूरभासा प्रबलपवनवेगोद्धूतवेगेन प्रबलपवनवेगेन उद्धूतः वेगो यस्य तेन। 'परुषपवन॰' इति पाठः 'पटुतरदवदाह॰' इति (1।22) श्लोकस्थद्वितीयपादगतशब्दानुगुणः। तरुविटपलताग्रालिङ्गनव्याकुलेन तरुविटपाः वृक्षशाखाः लताश्च तेषां अग्राणां आलिङ्गने व्याकुलेन व्यासक्तेन। 'तटविटप॰' इति पाठे तटे क्षेत्रे। 'तटं नपुंसकं क्षेत्रे' इति मेदिनी। ये विटपा लताश्च तेषां समूहानाम् इत्यादि। 'अग्रं. . .समूहे' इति मेदिनी। पावकेन अग्निना। दिशि दिशि भूमयः। तूर्णं शीघ्रं। परिदग्धाः।

Everywhere the grounds have been burnt by the wild fire, brilliant as a full-blown fresh *Kusumbha* flower of as the shining *sindūra dye*, whose speed is quickly increased by that of the strong wind, (and which is) busy in singing the ends of creepers and tree-twigs.

---

24. विकच–*adj.* full-blown. कुसुम्भ– *n.* kind of red flower, used in colouring. From its redness it gets the name अग्निशिखं which will make the simile in the text significant. सिन्दूर–*n.* red lead, commonly used as a dye. विकचनव॰–dissolve as विकचं यनवकुसुम्भं तच्च स्वच्छसिन्दूरं च तयोरिव भा यस्य। ॰उद्भूतवेगेन–'whose speed is increased or accelerated by—' This reading is better than ॰उद्धूतवेगेन ('in whom speed is generated by—') since the fire had already some वेग of its own ; *cf.* ज्वलति पवनवृद्धः etc. I. 25. तूर्णं – to be construed with उद्भूत।

तरुविटप॰–This reading occurs also at II. 28 and is adopted here. The other reading तटविटप॰ should be explained as तटे (by the side of the raging fire) स्थिताः विटपाः (branches), लताश्च etc. व्याकुल–'intently engaged in.'

---

1. परुष। प्रवण।
2. वेगोद्धूत।
3. तटविटप।

ज्व[1]लति पवनवृ[2]द्धः पर्वता[3]नां दरीषु
स्फु[4]टति पटुनिादः[5] शुष्कवंशस्थलीषु।
प्रसरति तृणमध्ये[6] लब्धवृद्धिः क्षणेन
[7]ग्लपयति [8]मृगवर्गं प्रान्तलग्नो दवाग्निः ।। 25 ।।

ज्वलतीति। प्रान्तलग्नः प्रान्तभागसक्तः। दवाग्निः दावानलः। पवनवृद्धः सन्। पर्वतानां दरीषु ज्वलति। पटुनिनादः व्यक्तध्वनिः सन्। शुष्कवंशस्थलीषु शुष्काः वंशाः यासु ताः स्थल्यः अकृत्रिमभूमयः तासु। स्फुटति स्फोटनध्वनिं करोतीत्यर्थः। 'पटुनिनादैः' इति पाठः प्रक्रान्तप्रथमान्तविशेषणविरुद्धत्वान्न समीचीनः। क्षणेन तृणमध्ये लब्धवृद्धिः प्राप्तविस्तृतिः सन्। प्रसरति। मृगवगृ ग्लपयति व्याकुलयति चेत्यर्थः।

The conflagration, starting on the skirts (of woodland), torments all beasts; increasing with the wind it burns in the mountain valleys ; it breaks forth with sharp noises in places (abounding) with dry bamboos ; growing strong in a moment it spreads in the grass.

[9]बहुतर इव जातः शाल्मलीनां वनेषु
[10]स्फुरति कनकगौरः कोटरेषु द्रुमाणाम्।

---

25. स्फुटति पटुनिनादः–refers onomatopoetically to the crackling sound made by burning wood. स्फुट् - 6. P. to burst, to break forth. पटु–sharp, strong (*cf.* पटु verse 22 above). पटुनिनादः–for °दैः is preferable to it since we then get an adjective in each line, qualifying *Agni.* स्थली - a piece of ground in its natural state ; mark the fem. ending (स्थली अकृत्रिमा ; स्थला कृत्रिमा) ; see Pāṇ. IV. 1.42. ग्लपयति (causal of ग्लै to be languid)—causes to languish. प्रान्तलग्नः–प्रान्ते वनप्रान्ते लग्नः beginning its ravages from the skirts of a woody tract of land. दवाग्निः–here दव means simply वम ; ('दवदावौ वनारण्यवह्नी' इत्यमरः).

26. बहुतर इव जातः–It was बहु but appeared to be बहुतर 'still stronger', owing to the red leaves, flowers etc. of the शाल्मलि trees Mr. Ayyar

---

1. ध्वनति। पतति।
2. विद्धः।
3. पर्वतान्तर्दरीषु।
4. स्फुरति।
5. निनादैः।
6. मध्यं।
7. क्षपयति। तपयति।
8. मृगवृन्दं। यूथं।
9. पटुतर इव यातः।
10. स्फुटति।

परिण[1]तदलशाखानुत्पतन्प्रांशुवृक्षा-
[2]न्भ्रमति पवनधूतः [3]सर्वतोऽग्निर्वनान्ते ।। 26 ।।

बहुतर इति। पवनधूतः। पवनेन वायुना धूतः चालितः। अग्निः शाल्मलीनां लोके 'शेवरी' इति प्रसिद्धवृक्षावशेषाणां वनेषु। बहुतरः जातः इव वृद्धिं प्राप्त इव। स्फुरति दीप्यते। शाल्मलीपुष्पाणां वह्निवदारक्तत्वात्। द्रुमाणां कोटरेषु विवरेषु। कनकगौरः सन् स्फुरति संचलति। परिणतानि परिपक्वानि दलानि पर्णानि यासु तादृश्यः शाखा येषां तान् परिणतदलशाखान् प्रांशु वृक्षान् उत्पतन् उद्‌गच्छन् सन्। वनान्ते वनप्रदेशे सवतः भ्रमति।

Fire, being spread by the wind, (and) becoming too much as it were in the groves of *śālmalīs*, is shining with a golden-yellow lustre in the hollows of trees ; (and), leaping on lofty trees the leaves on whose branches have ripened (and therefore fallen off), it is travelling in all, directions in the forest-regions.

गजगवयमृगेन्द्रा वह्निसंतप्तदेहा
सुहृद इव समेता[4] द्वन्द्वभा[5]वं विहाय।

---

translates. 'The fire multiplies itself as it were in the forests of' etc. शाल्मलि–the silk-cotton tree (Mar.सांवरी) स्फुट्–6. P. 'to shine' (with a *throbbing* lusture) ; *cf.* सौदामनी स्फुरति नाद्य III. 12. गौर–yellow ('गौरोऽरुणे सिते पीते' इत्यमरः) कोटरेषु etc. - *cf.* कोटरान्तः प्रविष्टेन पावकेनेह पादप......दह्यते–सुभाषितावलि 1697. उत्पत्–note the transitive use.

27. द्वन्द्वभावः–द्वन्द्वस्य भावः 'the condition of being a द्वन्द्व' 'enmity,' 'antogonism.' द्वन्द्व–*n.* is a pair of opposites (of things, animals etc.). परिखेदः–pain, हुतवहपरिखेदात्–(a) हुतवहस्य परिखेदात् *scil.* निर्गत्य ; (b) हुतवहस्य परिखेदः यत्र एतादृशात् कक्षात्। The latter way is preferable. कक्ष–*m.* dry grass. *cf.* 'यतस्तु कक्षस्तत एव वह्निः Rag. VII. 55.विपुल°–विपुलः पुलिनदेशः यस्याः। संविशन्ति–आश्रयन्ते 'resort to,' 'rest on (its banks)'. This is the more usual sense of संविश् ; the literal meaning प्रविशन्ति will also do, but then विपुलपुलिनदेशां loses propriety.

---

1. परिणबलशाखादुत्पतत्याशु वृक्षात्। परिणतदलशाखान्निर्दहन् शुष्कवृक्षान्।
2. दहति।
3. सर्वशो।
4. समन्तात्।
5. शत्रुभावं।

हुतवहपरिखेदादाशु निर्गत्य[1] कक्षा-
द्विपलपुलिनदेशां[2] निम्नगां संविशंति[3] ।। 27 ।।

गजेति। वह्निसंतप्तदेहाः गजगवयमृगेन्द्राः गजाश्च गवयाश्च मृगेन्द्राश्च द्वन्द्वभावं वैरभावं। विहायं। सुहृदः इव मित्राणीव समताः संगताः सन्तः हुतवहपरिखेदात् हुतवहस्य अग्नेः परिखदात् त्रासात् कक्षात् अरण्यात्। 'कक्षोऽरण्ये च वीरुधि' इति धरणिः। निर्गत्य। निष्क्रम्य। विपुलः विस्तीर्णः पुलिनदेशः यस्याः तां विपुलपुलिनदेशां निम्नगां नदीं संविशन्ति प्रविशन्ति।

Elephants, oxen and lions, their bodies scorched by fire, have flocked together like friends, giving up hostility ; and, quickly emerging from the grass where they were tormented by fire, they rest by river with broad, sandy banks.

कमल[4]वनचिताम्बुः पाटलामोदरम्यः
सुखसलिलनिषेकः सव्यचन्द्रांशुहारः ।।[5]
व्रजतु तव निदाघः कामिनीभिः [6]समेतो
निशि सुललित[7]गीते हर्म्यपृष्ठे सुखेन ।। 28 ।।

कमलेति। कमलवनेन चितं व्याप्तं अम्बु जलं यस्मिन् सः कमलवनचिताम्बुः । पाटलानां पाटलपुष्पाणां आमोदेन रम्यः पाटलामोदरम्यः। सुखः सुखजनकः

---

28. कमल°–कमलवने चितमम्बु यस्मिन्। पाटल–*n.* the flower of the पाटला plant (Mar. पाडळी), of a pale-red colour. *cf.* पाटलसंसर्गसुरभिवनवाताः etc. Śāk. I.3. सुखं–सुखः (*i.e.*, सुखकरः ; *cf.* सुखाः प्रदोषाः VI. 2) सलिलनिषेकः (स्नानं) यस्मिन्। सेव्य–सेव्याः चन्द्रांशवः हाराश्च यस्मिन्। तव–addressing he reader. Maṇi. takes तव to refer to the प्रिया of verse 1, and understands सुललितगीते in the Vocative case ('O thou whose singing is sweet!'), but with this construction कामिनीभिः समेतः loses all properiety and becomes meaningless. It may be noted also that the last verses of all the other cantos contain similar addresses to the reader (दिशतु तव हितानि II., प्रतिदिशतु शरद्वश्चेतसः प्रीतिमग्र्याम् III. etc.), and there is no particular reason to bring in the *priyā* only in this place.

---

1. निर्गम्य।
2. देशात्।
3. आश्रयन्ते।
4. दल।
5. जालः।
6. समेतम्।
7. गीतैः।

सलिलनिषेकः उदकाभिषेकः यस्मिन् सः सुखसलिलनिषेकः। सेव्याश्चन्द्रांशवः हाराः मौक्तिकहाराश्च यस्मिन् सः सेव्यचन्द्रांशुहारः। कामिनीभिः समेतः युक्तः निदाघः ग्रीष्मः निशि रात्रौ सुललितं अतिसुन्दरं गीतं यस्मिन् तस्मिन् सुललितगीते हर्म्यपृष्ठे तव सुखेन व्रजतु तव सुखाय भवत्वियर्थः।

इति बालबोधिनीटीकासहितस्य ऋतुसंहारकाव्यस्य

ग्रीष्मवर्णनं नाम प्रथमः सर्गः।।

In which the waters are covered with beds of lotuses, which is delightful with the aroma of *pātala* flowers, when bathing is pleasurable, when moonlight and pearl-strings are enjoyable,—may (such) a summer pass for you, in happiness and with lovely women, at nights on tops of houses where beautiful music is (beings heard).

CANTO II

द्वितीयः सर्गः

A Description of the Rainy Season

अथ क्रमागतं वर्षर्तुं वर्णयति–

सशीकराम्भोधर[1]मत्तकुञ्जर-
स्तडित्पताकोऽशनिशब्दम[2]र्दलः।
समागतो राजवदुद्ध[3]तद्युति-
र्घना[4]गमः कामिजनप्रियः प्रिये।। 1।।

सशीकरेति।। सशीकराः साम्बुकणाः ये अम्भोधराः मेघाः ते एव मत्तकुञ्जराः मददन्तिनः यस्य सः सशीकराम्भोधरमत्तकुञ्जरः। पक्षे सशीकराम्भोधराः इव मत्तकुञ्जराः यस्य। तडित् विद्युत् एव पताका ध्वजो यस्य सः तडित्पताकः। पक्षे, तडिदिव पताका यस्य। अशनिशब्द एव विद्यद्ध्वनिरेव। 'अशनिः स्त्रीपुंसयोः स्याच्चञ्चलायां' इति मेदिनी। मर्दलः वाद्यविशेषः यस्य सः अशनिशब्दमर्दलः। पक्षे, अशनिशब्दः इव मर्दलः यस्य। उद्धतद्युतिः उत्कटकान्तिः। कामिजनप्रियः विषयिजनप्रिय। पक्षे, अर्थिजनप्रियः। घनागमः वर्षर्तुः। राज्ञा तुल्यं राजवत्। 'तेन तुल्यं क्रिया चेद्वतिः' इति वतिः। समागतः।

The rainy season have come, dear, like a king, having the clouds with watery spray in the place of rutty elephants (*having rutty elephants like the clouds like the clouds pouring water*), the flashes of lightning serving as flags (*having flags like lightning)*, the rumble of thunder as the beat of durms (*whose beat of drums resembles the rumble of thunder*), shedding brilliance (all around), (and) beloved of the amorous (*liked by the needy*).

1. The advent of the rainy season is here compared to that of a king, so regal is its glory. The king has elephants in rut to herald the procession ; so the *ghanāgama* has clouds pouring water (सशीकरा येऽम्भोधराः ते एव मत्तकुञ्जरा

1. रक्तकुञ्जरः। मत्तवारणः।
2. मर्दनः।
3. उन्मतध्वनिः-उद्धतध्वनिः। उद्वहन्ध्वनिम्।
4. घनाघनः।

नितान्तनीलोत्पलपत्रकान्तिभिः
क्वचित्प्रभिन्नाञ्जनराशिसंनिभैः।
क्वचित्सगर्भप्रमदास्तनप्रभैः
समाचितं व्योम घनैः समन्ततः ।। 2 ।।

नितान्तेति। नितान्तं अत्यन्तं। नीलानि च तानि उत्पलानि च तेषां पत्राणां कान्तिरिव कान्तिर्येषां तैः नितान्तनीलोत्पलपत्रकान्तिभिः। क्वचित् कुत्रचित्स्थले प्रभिन्नं चूर्णितं मर्दितं वा अञ्जनं सौवीरं कज्जलं वा तस्य यो राशिः समूहः तेन संनिभैः समैः प्रभिन्नाञ्जनराशिसंनिभैः क्वचित् च गर्भेण सहितानां प्रमादानां स्तनानां लक्षणया स्तनाग्राणां प्रभेव प्रभा येषां तैः सगर्भप्रमदास्तनप्रभैः। गर्भिणीस्तनानां कृष्णवर्णत्वे वाग्भटः-'आम्लेष्या स्तनौ' पीनौ श्वेतान्तौ कृष्णचूचुकौ' इति। 'दिनेषु गच्छत्सु निनान्तपीवरं तदीयमानीलमुखं स्तनद्वयम्' इति रघु॰ 3-8। घनैः व्योम गगनं समन्ततः समाचितं व्याप्तम्।

On all sides the sky has been overcast with clouds having the lustre of the leaves of very blue lotuses, in some places resembling heaps of powdered collyrium, in others appearing like the breasts of a women quick with child.

यस्य) ; in the place of banners there are the flashes of lightning (तडिदेव पताका यस्य) ; and for the triumphal beat of drums it has the rumbling sound of thunder (अशनिशब्द एव मर्दलः यस्य). The cloud is compared to a king similarly in मृच्छ॰ V. 17-पवनचपलवेगः स्थूलधाराशरौघः स्तनितपटहनादः स्पष्टविद्युत्पताकः। ... नृप इव ... etc.; see also III, 12 for तडित्पताकः. As in the case of शशिचारुभूषणाः (I. 12), all the adjectives of the घनागम may also be applied, with defferent renderings, to the king; *i.e.*, सशीकराम्भोधरा इव मत्तकुञ्जराः यस्य; तडिदिव पताका यस्यः अशनिशब्द इव मर्दलः यस्य; उद्धतद्युतिः is the same in both cases ; कामाः सन्त्येषां ते कामिनः अर्थिजनाः तेषां प्रियः। अशनि-*m.* and *f*, a flash of lightning ; *cf.* अशनेरमृतस्य चोभयोर्वशिनश्चाम्बुधराश्च योनयः Kum. IV. 43. मर्दल-*m.* a kind of drum. Note that अशनिशब्द stands strictly for मर्दलध्वनि and not मर्दल ; *cf.* note on चरणैः हंसरुतानुकारिभिः I. 5. *cf.* verse 4. उद्धत-throwing forth (*cf.* उद्धतरेणु I. 10) घनागमः-'the time when the clouds come' (घनानां आगमो यस्मिन्काले ; *cf.* हिमागमः V. 8. पुष्पागमः Misc. 13) 'the rainy season' (वर्षाकालः), consisting of the months श्रावण and भाद्रपद, corresponding roughly with August and September.

2. प्रभिन्न-finely pulverized ; see note on भिन्न at I.11. सगर्भप्रमदास्तनप्रभैः-the point of the comparision will be apparent from—

दिनेषु गच्छत्सु नितान्तपीवरं तदीयमानीलमुखं स्तनद्वयम्।
निरश्चकार भ्रमराभिलीनयोः सुजातयोः पङ्कजकोशयोः श्रियम्।।
....
नृपः ससत्त्वां महिषीममन्यत। Rag. III. 8-9.

The blackness of the nipples is a sign of pregnancy. समाचितं-covered, overspread with, full of (व्याप्तं).

तृषाकुलैश्चातकपक्षिणां कुलैः
प्रयाचितास्तोयभरावलम्बिनः।
प्रयान्ति मन्दं बहु[1]धा[2]रवर्षिणो
बलाहकाः श्रोत्रमनोहरस्वनाः ॥ 3 ॥

तृषाकुलैरिति। तृषाकुलैः चातकपक्षिणां कुलैः समूहैः प्रयाचिताः। तोयमिति शेषः। तोयभरावलम्बिनः तोयभरेण जलभारेण अवलम्बन्ते तच्छीलाः। 'सुप्यजातौ णिनिस्ताच्छील्ये' इति णिनिः। बह्व्यो धाराः यस्यां क्रियायां यथा भवति तथा वर्षन्ति ते बहुधारवर्षिणः। श्रोत्रयोर्मनोहरः स्वनः रवः येषां ते श्रोत्रमनोहरस्वनाः। बलाहकाः मेघाः। वारीणां वाहकाः बलाहकाः। पृषोदरादित्वात्साधुः। मन्दं प्रियान्ति। गगने इति शेषः।

Being asked (water) by the flocks of thirsty *cātaka* birds, and hanging (low) with (their) watery burden, clouds, (about) to pour down in large streams, are slowly moving on, making a noise pleasant to the ear.

बलाहकाश्चाशनिशब्दमर्दलाः[3]
सुरेन्द्रचापं दधस्ताडिद्गुणम्।

---

3. चातक–Name of a bird which is said to subsist only on rain-drops. *Cf.* धरणीपतितं तोयं चातकानां रुजाकरं (quoted by Malli. on Rag. V. 17). तोयभरावम्बिनः–the clouds are heavy, being charged with water, and therefore are hanging lower towards the earth. *Cf.* भवन्ति नम्राः. . .नवाम्बुभिर्दूरविलम्बिनो घनाः Śāk. V. 12. बहुधारवर्षिणः–(1) धार–*m.* or *n.*, a stream ; बहवो धाराः तान्वर्षन्तीति। (2) or with Maṇ. बह्व्यो यस्मिन् कर्मणि यथा भवति तथा बहुधारं वर्षन्तीति। बलाहकः–*m.* a cloud (Diss. वारिणः वाहकः, an irregular compoung of the पृषोदरादि class).

4. The clouds are represented as warriors shooting arrows at the lovers absent from their homes (प्रवासिनः). अशनि°–अशनिशब्द एव मर्दलः (*cf.* Verse 1) येषां ते। The warriors fight to the beat of the war-drum ; the clouds have the thunder for that purpose. सुरेन्द्रचापं–'Indra's bow', the rain-bow, so called from Indra being the rain-god (*cf.* III. 12). तडिद्गुणं–तडिद् गुणो यस्य–A long streak of lightning is compared to the bow-string. सुतीक्ष्ण°–सुतीक्ष्णा या धाराः तासां पतनं तदेव उग्राः सायकाः तैः। प्रसभं- *ind.* lit. 'without thought as to the condition of another, (प्रगता सभा विचारोऽस्मात्) ; hence 'violently' 'intensely' 'greatly'.

---

1. नव।
2. वारि।
3. भूषणाः। भीषणाः।

[1]सुतीक्ष्णधारापतनोग्रसा[2]यकै-
स्तुदन्ति चेतः प्रसभं[3] प्रवासिनाम्।। 4।।

बलाहका इति। अशनिशब्दः विद्युद्ध्वनिः एव मर्दलः वाद्यविशेषः येषां ते अशनिशब्दमर्दलाः। तडिदेव गुणः मौर्वी यस्य तत् तडिद्गुणं सुरेन्द्रचापं शक्रधनुः। दधतः धारयन्तः। बलाहकाः मेघाः च। सुतीक्ष्णानि धारापतनन्येव उग्रसायकाः निशितशराः तैः सुतीक्ष्णधारापतनोग्रसायकैः प्रवासिनां अध्वगानां चेतः प्रसभं बलात्कारेण तुदन्ति व्यथयन्ति।

And clouds, having the rumble of thunder to serve as the beat of drums, (and) wielding Indra's bow having lightning for its string, are violently paining the minds of travellers by their keen arrows in the form of the fall of the very sharp showers.

प्रभिन्नवैदूर्यनिभैस्तृणाङ्कुरैः
समाचिता प्रोत्थिवान्दलीदलैः।
विभाति [4]शुक्लेतररत्नभूषिता
वराङ्गनेव क्षितिरिन्द्रगोपकैः।। 5।।

प्रभिन्नेति। प्रभिन्नेन प्रस्फटितेन वैदूर्येण नीलमणिना निभैः सदृशैः प्रभिन्नवैदूर्यनिभैः। विदूरात्प्रभवति वैदूर्यो मणिः। 'विदूराञ्ज्यः' इति ञ्यप्रत्ययः। तृणाङ्कुरैः। तृणप्ररोहैः। प्रोत्थिकन्दलीदलैः समुद्गतभूमिकदलीपत्रैः। इन्द्रगोपकैः वर्षाकालोद्भूतैः आरक्तकृमिविशेषैश्च। समाचिता व्याप्ता। क्षितिः भूमिः। शुक्लेतररत्नभूषिता शुक्लादितरैः रक्तहरितनीलवर्णैः रत्नैर्भूषिता वराङ्गना इव विभाति। उपमाऽलंकारः।

Being full of shoots of grass resembling splintered cat's-eye gems, of leaves of *kandalī* plants rising (up from the ground), (and) of the *indragopaka* insects, the earth appears like a beautiful lady, decked with jewells other than white.

5. प्रभिन्न–*p.p.* 'broken', of भिद् with प्र ; hence, here, 'with rays shooting from it' ; *cf.* विदूरभूमिर्नवमेघशब्दादुद्भिन्नया रत्नशलाकयेव Kum. I.24; splintered. वैदूर्य –*n.* a cat's eye gem (blue in colour). Der. विदूरात् (from the mountain named *Vidūra*) प्रभवतीति वैदूर्याणि मणयः, by विदूराञ्ज्यः Pāṇ. IV. 3. 84. *See* Malli. on Meg.

1. सुतीव्र।
2. सायकः।
3. ध्वनिभिः। नितराम्। युगपत्।
4. कण्ठे वररत्नभूषिता। कृष्णेतररत्नभूषिता।

सदा [1]मनोज्ञं स्वनदुत्सवोत्सुकं
वि[2]कीर्णवि[3]स्तीर्णकलापशोभितम्।
[4]ससंभ्रमालिङ्गनचुम्बनाकुलं
प्रवृत्त[5]नृत्यं कुलमद्य बर्हिणाम्।। 6।।

सदेति। सदा मनोज्ञं मनोहरम्। इदं स्वनदित्यस्य विशेषणम्। स्वनत् शब्दं कुर्वत्। उत्सवे आनन्दजनकव्यापारे उत्सुकं उत्कण्ठितं उत्सवोत्सुकम्। 'मनोज्ञाम्बुदनाद-सोत्सुकम्' इति पाठे मनोज्ञे अम्बुदनादे सोत्सुकमित्यर्थः। विकीर्णः प्रसारितः विस्तीर्णः दीर्घः यः कलापः बर्हः तेन शोभितं विकीर्णविस्तीर्णकलापशोभितम्। ससंभ्रमं सत्वरं यदालिङ्गनं चुम्बनं च तस्मिन्नाकुलं व्यासक्तं। ससंभ्रमा- लिङ्गनचुम्बनाकुलं। बर्हिणां मयूराणां। कुलं। अद्य प्रवृत्तनृदुयं प्रारब्धनर्तनम्। दृश्यते इति शेषः।

A flock of peacocks, always singing beautifully, has to-day started dancing, longing for (this) festive occasion, lovely with its broad plumage spread out, (and) busy in fluried embraces and kisses.

निपा[6]तयन्त्यः परितस्तटद्रुमा-
न्प्र[7]वृद्धवेगैः सलिलैरनिर्मलैः।

II. 15 and our not on the word thereon ; *cf.* also Malli. on Śiś. III. 45. कन्दली-this plant, whose leaves are green dries up in the hot season, and all at once makes its appearance at the beginning of the rains ; *cf.* आविर्भूतप्रथममुकुलाः कन्दलीः Meg. I. 21. °शुक्लेतर – *i.e.,* blue-green and red. इन्द्रगोपकः-इन्द्रः गोपः रक्षकः (वर्षाभवत्वात्तस्य) यस्य a kind of *cochineal* insect (Mar. मृगकिडा) usually to be found on the ground at the beginning of the rainy season. *Cf.* शक्रगापकालोहितरागेणांशुकेन रचितावगुण्ठनया Kād., p. 100 ; सेद्रगोपं नवशाद्बलम् Vik. IV. स्फुरन्तः पिङ्गलाभासो धरण्यामिन्द्रगोपकाः *Subhāṣitāvali* 1721 ; also Rag. IX. 42 ; *Subhāṣitāvali* 1719.

6. सदा मनोज्ञं स्वनत्-मनोज्ञं *ind.* 'charmingly'. Peacocks are always represented as being delighted at the approach of the rains. *Cf.* धर्मच्छेदात्पटुतरगिरो बन्दिनो नीलकण्ठाः Vik. IV. 4. उत्सवोत्सुकं-उत्सवे or उत्सवे उत्सुकं fond of (उत्सुक takes either case by Pāṇ. II. 3.44.) ससंभ्रमालिङ्गन° with the flury

---

1. मनोज्ञस्तनितोत्सुकोत्सुकं। मनोज्ञाम्बुदनादसोत्सुकं। मनोज्ञं सुरतोत्सवोत्सुकं।
2. विभाति।
3. केशालकलाप।
4. सविभ्रमा।
5. प्रवृद्धनृत्यं।
6. विपाटयन्त्यः। उत्पाटयन्त्यः।
7. प्रवृद्धवेगाः।

स्त्रियः सुदु[1]ष्टा इव जातविभ्रमाः
प्रयान्ति नद्यस्त्वरितं पयोनिधिम्।। 7।।

निपातयन्त्य इति। प्रवृद्धः वेगः येषां तैः प्रवृद्धवेगैः। प्रवृद्धोत्साहैः इति च ध्वन्यते। अनिर्मलैः कलुषैः रागावृतैश्च। सलिलैः जलैः सलिलतुल्यचञ्चलमनोभिश्च। तटद्रुमान् तीरवृक्षान्। स्वकीयकुलपुरुषान् इति ध्वनिः। परितः सर्वतः निपातयन्त्यः समुन्मूलयन्त्यः। दुर्गतिं प्रापयन्त्य इति ध्वनिः। जाताः विभ्रमाः अम्भोभ्रमाः चित्तवृत्त्यनवस्थानं च यासां ताः जातविभ्रमाः। 'चित्तवृत्त्यनवस्थानं शृंङ्गाराद्विभ्रमो मतः' इत्युक्तेः। नद्यः। सुदुष्ट्याः स्त्रियः इव स्वैरिण्य इव। त्वरितं क्षिप्रं। पयोनिधिं समुद्रम्। कामुकमिति ध्वनिः। प्रयान्ति।

Felling everywhere the trees on the banks by their turbid waters (rushing) with great speed, rivers are impetously running to the sea, like very bad women mentally flurried by passion.

---

and haste which is natural on such occasions of joy. आकुलं– *cf.* व्याकुलं at I. 24. बर्हिन् *m.* a peacock (from बर्ह *m.* a peacock's tail).

7. In this verse the rivers in flood are compared to unchaste women. The rivers are like women inasmuch as while the former are अनिर्मलसलिलाः the latter are सुदृष्याः (*i.e.* अपवित्रचारित्र्याः), the former are प्रवृद्धवेगाः and the latter जातविभ्रमाः (mentally flurried by passion; चित्तवृत्त्यनवस्थानं शृङ्गाराद्विभ्रमो मतः quoted by Kṣīrasvāmin on Ak. I. 6. 32). The resemblance between the two is made out by taking जातविभ्रमाः in its another possible sense, *viz.* 'rushing quickly' (जातः विभ्रमः विशिष्टो भ्रमः motion यासां), and applying it to the rivers. Further points in the comparision are not directly expressed, but are implied. It is evident that the action of women corresponding to the तटद्रुमनिपातन of the rivers is the ruin and disgrace which they bring upon their relatives, and the one corresponding to पयोनिधिप्रयाण is नायकाभिसरण. Compare,

व्यपदेशमाविलयितुं किमीहसे जनमिमं च पातयितुम्।
कूलंकषेव सिन्धुः प्रसन्नमम्भस्तटतरुं च।। Śāk. V. 21

and also, नद्यश्च नार्यश्च सदृक्प्रभावास्तुल्यानि कूलानि कुलानि तासाम्।
तोयैश्च दोषैश्च निपातयन्ति नद्यो हि कूलानि कुलानि नार्यः।। Pt. I. 223.

---

1. प्रहृष्याः। प्रदुष्याः। प्रकामः।

[1]तृणोत्करैरुद्गत[2]तकोमलाङ्कुरै-
श्चि[3]तानि [4]नीलैर्हरिणीमुखक्षतैः।
वनानि वैन्ध्या[5]नि हरन्ति मानसं
विभूषितान्युद्गत[6]पल्लवैर्द्रुमः।। 8।।

तृणोत्करैरिति। नीलैः नीलवर्णैः। हरिणीमुखैः क्षताः खण्डिताः तैः हरिणीमुखक्षतैः उद्गताः उद्भिन्नाः कोमलाङ्कुराः येषां तैः उद्गतकोमलाङ्कुरैः। तृणोत्करैः तृणपुञ्जैः। चितानि व्याप्तानिं। 'विचित्रनीलैः' इति पाठो न समीचीनः। विचित्रपदार्थस्य अपुष्टार्थकत्वात्। उद्गताः पल्लवाः येषां तैः। उद्गतपल्लवैः। द्रुमैः च। विभूषितानि। विन्ध्यस्य तन्नामकगिरेरिमानि वैन्ध्यानि° 'तस्येदम्' इत्यण्। वनानि कामिनामिति शेषः। मानसं हरन्ति। संनिधवस्तुवर्णनस्य स्वाभाविकत्वादस्मिन् श्लोके वैन्ध्यानीति विशेषणं कवेः विन्ध्यगिरिनिकटावस्थानं सूचयति। पुनरत्रैव सर्गे 27 श्लोके 'ह्लादयन्तीव विन्ध्यम्' इति। मालविकाग्निमित्रे च 'मेघराजीव विध्यम्' (3 I21) इति च स एव वर्णितः। अतश्च 'रम्याणि' इति केषांचित्पाठो न कविकृत इति प्रतिभाति।

The forests on the Vindhyas enchain the mind, decked (as they are) with trees bearing (new) foliage, and full of numerous kinds of dark-green grass which have put forth tender shoots, (and) which are browsed by the mouths of female deer.

विलोलनेत्रोत्प[7]लशोभिताननैः-
मृगैः समन्तादुपजा[8]तसाध्वसैः।

---

8. उत्कर–*m.* a heap, a multitude. चितानि नीलैः (नील dark green) is preferable to the reading विचित्रनीलैः since it gives a nearer predicate to तृणोत्करेः- With विचित्रनीलैः we should translate : 'of a wonderful dark-green colour.' वैन्ध्यानि–विन्ध्यस्य इमानि। 'belonging to the Vindhya mountains' (Der. विन्ध्य+अण्). Note this reference to विन्ध्य, also at II. 27 and in Mālvik. III. 21, from which it is believed that the poet resided near it.

9. विलोनेत्रोत्पल°–विलोलनेत्रोत्पलैः शोभितानि (शोभा संजाता एषां इति) आननानि येषां।

---

1. तृणोद्गमैः। तृणोच्चयैः।
2. उद्गत–कर्दमकोमलाङ्कुरैः। उद्गतकोशकुड्मलैः।
3. विचित्र।
4. लेखैः।
5. रम्याणि।
6. पल्लवद्रुमैः।
7. विलोलर्नालेक्षणाशोभिताननैः।
8. उपयाता।

समाचिता सै[1]कतिनी वनस्थली
समुत्सुकत्वं प्रकरोति चेतसः ।। 9 ।।

विलोलेति। उपजातसाध्वसैः। उपजातं समुत्पन्नं साध्वसं भयं येषां तैः। अत एवं विलोलनेत्रोत्पलशोभिताननैः विलोलैः चञ्चलैः नेत्रोत्पलैः शोभितानि आननानि येषां तैः मृगैः। समन्तात् सर्वतः। समाचिता व्याप्ता। सिकतामयस्थानानि विद्यन्ते अस्यासं सा सैकतिनी। 'सैकतं सिकतायम्' इत्यमरः। वनस्थलीवनस्य काननस्य स्थली अकृत्रिमभूमिः। चेतसः समुत्सुकत्वं समुत्कण्ठितत्वं प्रकरोति। वनस्थलीस्थित-तादृङ्मृगदर्शनेन विशाललोललोचनकान्तावदनस्मरणादौत्सुक्यमिति भावः। अयमेवाभिप्रायः 'तस्यापरेष्वपि मृगेषु शरान्मुमुक्षोः कर्णान्तमेत्य बिभिदे निबिडोऽपि मुष्टिः। त्रासातिमात्रचटुलैः स्मरतः सुनेत्रैः प्रौढप्रियानयनविभ्रमचेष्टितानि।' इति (9 I58) रघुवंशस्थे पद्यं 'सहवसतिमुपेत्य यैः प्रियायाः कृत इव मुग्धविलोकितोपदेशः।' इति शाकु॰ 2-3 पद्ये च।

The sandy forest-ground makes the heart full of longnding, being full everywhere of frightened deer, whose heads are rendered beautiful by their tremulous, lotus-like eyes.

[2]अभीक्ष्णमुच्चैर्ध्वन[3]ता पयोमु[4]चा
[5]घनान्धकारीकृतशर्वरीष्वपि।

समन्ताद् goes with समाचिता। उपजांतसाध्वसैः-it is not clear what they are afraid of. सैकतिनी-full of सैकतs (sandy pieces of ground) ; सैकतानि अस्याः सन्तीति। समुत्सुकत्वं प्रकरोति-the reason of औत्सुक्य is that the beholder is reminded of his wife's eyes by the विलोलनेत्रोत्पल of the deer. *Cf.* त्रासातिमात्रचटुलैः स्मरतः सुनत्रैः प्रौढप्रियानयनविभ्रमचेष्टितानि R. IX. 58. *Cf.* also पर्यन्तसंस्थितमृगीनयनोत्पलानि III. 14.

10. अभीक्ष्णं-*ind.* 'constantly' (contracted from अभिक्षणम्-'every moment'). पयोमुचा-जातावेकवचनम्। घनान्धकारीकृत॰-घनः अन्धकारः यस्यां सा घनान्धकारा। घनान्धकारा न भवतीत्यघनान्धकारा। अघनान्धकारा घनान्धकारा संपद्यमाना क्रियते सा घनान्धकारीकृता। एतादृशीष शर्वरीषु। शर्वरी -*f.* a night. रागः-love (अनुरागः) अभिसारिका-a woman who goes out to meet her lover (अभिसरति कान्तमिति). With the idea here, compare—

---

1. शैवप्लिनी।
2. सुतीक्ष्णम्।
3. ध्वनतां। ध्वनितैः। स्वनतां। रसतां।
4. पयोमुचां।
5. घनान्धकारावृत।

तडित्प्रभादर्शितमार्गभूमयः
प्रयान्ति रागादभि[1]सारिकाः स्त्रियः ।। 10 ।।

अभीक्ष्णमिति। अभीक्ष्णं मुहुर्मुहुः। उच्चैः अत्यर्थं ध्वनता पयोमुचा मेघेन। न घनान्धकाराः अघनान्धकाराः। अघनान्धकाराः घनान्धकाराः संपद्यमानाः कृताः घनान्धकारीकृताः ताश्च ताः शर्वर्यः रात्रयः तास्वपि घनान्धकारीकृतशर्वरीष्वपि। एतादृग्गमनप्रतिबन्धकारणे सत्यपीत्यर्थः। तडित्प्रभया दर्शिताः। मार्गभूमयः यासां ताः तडित्प्रभादर्शितमार्गभूमयः। अभिसारिकाः कान्तेच्छया संकेतस्थानगामिन्यः 'कान्तार्थिनी तु या याति संकेतं साऽभिसारिका।' इत्यमरः। स्त्रियः । रागात् प्रियानुरागेण। प्रयान्ति गच्छन्ति। च अत्र अभिसारिकाः इत्यनेनैवार्थाभिव्यक्तौ स्त्रियः इति रागात् इति च पदं निष्प्रयोजनम्। 'गच्छन्तीनां रमणवसतिम्' इति मेघदूतस्थं (1।37) 'रजनीतिमिरावगुण्ठिते' इति च कुमारसंभवस्थं (4।11) पद्यं एतत्समानार्थकम्।

Even on nights made pitchy dark by clouds thundring loudly and ever, the *abhisārikā* women, under the influence of love, are going (to meet their lovers), the grounds on their way being shown (to them) by flashes of lightning.

पयोधरैर्भीमगभीरस्विनै-
[2]स्तडिद्भिरुद्वेजितचेतसो भृशम्।

रजनीतिमिरावगुण्ठिते पुरमार्गे घनशब्दविक्लवाः।
वसतिं प्रिय कामिनां प्रियास्त्वदृते प्रापयितुं क ईश्वरः।। Kum. IV. 11.

also, गच्छन्तीनां रमणवसतिं योषितां तत्र नक्तं रुद्धालोके नरपतिपथे सूचिभेद्यै-स्तमोभिः। सौदामन्या कनकनिकषस्निग्धया दर्शयोर्वीं etc., Meg. I. 41, and out notes thereon.

11. Construe उद्वेजितचेतसः योषितः, कृतापराधानपि प्रियान् परिष्वजन्ते। गभीर–*adj.* deep उद्वेजित– *p.p.* of the Causal of उद्+विज् to fear. कृतापराधान्– by attending to or looking at other ladies, by committing mistakes in naming them, etc. (*Cf.* V. 6). शयन *n.*–means either 'sleep' or 'a bed', and either sense will do here. निरन्तरम्–*adv.* 'closely', 'fast'. With the idea here compare Rag. XIX. 38—

विग्रहाच्च शयने पराङ्मुखीर्नानुनेतुमबलाः स तत्वरे।
आचकाङ्क्ष घनशब्दविक्लवास्ता विवृत्य विशतीर्भुजान्तरम्।।

and प्रणयकोपभृतोऽपि पराङ्मुखाः सपदि वारिधरारवभीरवः।
प्रणयिनः परिरब्धुमथाङ्गना ववलिरे वलिरेचितमध्यमाः।। Śiś. VI. 38

---

1. परुषं पराः स्त्रियः।
2. ध्वनद्भिः। स्वनद्भिः।

कृतापराधानपि योषितः प्रिया-
न्यरिष्वजन्ते शयने निरन्तरम्।। 11।।

पयोधरैरिति। भीमः भयंकरः गंभीरः गम्भीरश्च निस्वनः ध्वनिर्येषां तैः भीमगभीरनिस्वनैः। पयोधरैः। तडिद्भिः विद्युद्भिः। चकारो गम्यः। उद्वेजितानि व्याकुलीकृतानि चेतांसि यासां ताः उद्वेजितचेतसः। योषितः। कृतापराधान् अपि। अनेन परिष्वङ्गयोग्यताभावो दर्शितः। प्रियान् स्वपतीन्। शयने निरन्तर निर्गतं अन्तरं अवकाशः यस्मिन्कर्मणि यथा तथा। दृढमिति यावत्। परिष्वजन्ते आलिङ्गन्ति। 'प्रणयकोपभृतोऽपि पराङ्मुखाः' इति शिशुपालवधस्थपद्येन (6।38) समानार्थकमेतत्पद्यम्।

Very much frightened in their minds by lightning and the clouds thundering fiercely and deeply, women closely embrace in sleep their lovers, although they have (before) behaved themselves badly.

विलोचनेन्दीवरवारिबिन्दुभि-
र्निषिक्तबिम्बाधरचारुपल्लवाः।
निरस्तमाल्याभरणानुलेपनाः
स्थि[1]ता निराशाः प्रमदाः प्रवासिनाम्।। 12।।

विलोचनेन्दीवरेति। विलोचनेन्दीवरवारिबिन्दुभिः। विलोचनानि इन्दीवराणीव तेषां वारिबिंदुभिः अश्रुभिरिति यावत्। अधराः चारुपल्लवाः इव अधर० पल्लवाः। बिम्बानीव अध० पल्लवाः बिम्बाधर० पल्लवाः। निषिक्ताः बिम्बाधरचारुपल्लवाः यासां ताः निषिक्तबिम्बाधरचारुपल्लवाः। अत्र बिम्बपल्लवशब्दौ रक्तत्वकोमलत्वद्योतकौ। निरस्तानि पतिप्रवासकाले परित्यक्तानि माल्यानि पुष्पमालाः आभरणानि मण्याद्यलंकाराः अनुलेपनानि चन्दनाद्यङ्गरागाश्च याभिस्ताः निरस्तमाल्याभरणानुलेपनाः। पत्यौ प्रोषिते तस्य निषेधात्। प्रवासिनां प्रमदाः। निराशाः सत्यः स्थिताः। प्रियसमागमने निराशाः संवृत्ताः इत्यर्थः।

The wives of people who are away from home are in despair, sprinkling, with the drops of water from their lotus-like eyes, their *bimba*-like lower lips resembling beautiful (new and tender) leaves (of trees), (and) leaving off (the use of) garlands, ornaments, and cosmetics.

---

12. विलोचनेन्दीवर०–विलोचने इन्दीवरे इव तयोर्वारिबिन्दुभिः। निषिक्त०–बिम्बमिव अधरः। स चारुपल्लवः इव। निषिक्तः बिम्बाधरचारुपल्लवः याभिस्ताः। बिम्बाधरः—'the lower lip,

1. कृताः।

विपा[1]ण्डुरं कीटरजस्तृणान्वितं
भुजंगवद्व[2]क्रगतिप्रसर्पितम्।
ससाध्वसैर्भेककुलैर्नि[3]रीक्षितं
प्रयाति निम्नाभिमुखं नवोदकम्।। 13।।

विपाण्डुरमिति। पाण्डुवर्णोऽस्यास्तीति पाण्डुरं धूसरं।। मलिनमिति यावत्। 'जगपांसुपाण्डुभ्यश्च' इति वार्तिकात् मत्वर्थीयो रप्रत्ययः। विशेषेण पाण्डुरं विपाण्डुरम्। कीटैः रजोभिः तृणैश्च अन्वितं कीटरजस्तृणान्वितम्। भुजंगेन तुल्यं भुजंगवत्। तेन तुल्यं क्रिया चेद्वतिः' इति वतिः। वक्रगतिप्रसर्पितम्। वक्रा कुटिला गतिर्यस्य तादृशं प्रसर्पिते प्रसर्पणं यस्य तत्। नपुंसके भावेक्तः। ससाध्वसैः सभयैः। भुजंगतुल्यवक्रगत्या भुजंगभ्रान्त्या भीतिः। भेककुलैः निरीक्षितं। नवोदकं। निम्नाभिमुखं नोचस्थानाभिमुखं प्रयाति।

The new water is running down to a low level, greyish (in colour), full of vermin, dust and grass, moving in zig-zag path like a snake, (and) viewed (thus) by affrighted broods of frogs.

---

like the *bimba* fruit' (Mar. तोंडलें which is red when ripe and hence the compariosn of अधर to it) ; the comp. is मध्यमपदलोपी ; see Malli. on Meg. II. 21. पक्वबिम्बाधरोष्ठी। निरस्त°–because women whose husbands are absent are not to use these things. *Cf.* क्रीडां शरीरसंस्कारं समाजोत्सवदर्शनम्। हासं पर-गृहे यानं त्यजेत्प्रोषितभर्तृका।। Yājñ. I. 84. निरस्त–lit. 'thrown away,' 'discarded'. माल्यं–माला एव माल्यं ; a garland ; fr. माला+य (ष्यञ्) ; Vārtika on Pāṇ. V. 1. 124. आभरणं–an ornament (of gold, pearls etc.). अनुलेपनं–ointments (like sandal-paste). निराशाः स्थिताः–निराशा वर्तन्ते इत्यर्थः।

13. **विपाण्डुरं**–the colour of the water owing to the mixture of dust in it. The zigzag course of water according to the declivities in the ground is happily compared to the serpent's tortuous motion. वक्रगतिप्रसर्पितम्–वक्रगत्या प्रसर्पितम्। ससाध्वसैः–the serpent-like motion is the cause of their fright. निम्न–*n.* low ground. This description of the water of the first rains seeking its course along low ground is quite true to nature and life-like.

---

1. विपाण्डवम्।
2. भुजङ्गमाकारगति।
3. विलोकितम्।

वि[1]पत्रपुष्पां नलिनीं स[2]मुत्सुका
विहाय भृङ्गाः [3]श्रुतिहारिनिस्वनाः।
पतन्ति मूढाः शिखिनां [4]प्रनृत्यतां
कलापचकेषु नवोत्प[5]लाशयाः।। 14।।

विपत्रेति। श्रुतिहारिनिस्वनाः श्रुतिं हरन्ति तच्छीलाः निस्वनाः येषां ते। मूढाः विवेकरहिताः। भृङ्गाः भ्रमराः। समुत्सुकाः उत्पलास्वादोत्कण्ठिताः सन्तः। विपत्रपुष्पां विगतानि पत्राणि येषां तादृशानि पुष्पाणि यस्याः तां। नलिनीं कमलिनीं। विहाय परित्यज्य। प्रनृत्यतां नर्तनं कुर्वता। शिखिनां मयूराणां। कलापचक्रेषु बर्हमण्डलेषु। नवोत्पलाशया। नूतननीलपद्मेच्छया। पतन्ति गच्छन्ति। पत्लृ गताविति धातुः। भ्रान्तिमदलंकारः।

Bees, whose hum is delightful to the ear, abandon a lotus-plant from which leaves and flowers have dropped off, and in their anxiety foolishly alight on the circles in the plumage of dancing peacocks, hoping (to find) new lotuses there.

वनद्विपानां नववा[6]रिदस्वनै-
र्मदान्वितानां ध्व[7]नतां मुहुर्मुहुः।

14. विपत्रपुष्पां-विपत्रं पुष्पं यस्यास्ताम्। The petals have fallen off owing to the rains. नलिनी—a lotus plant. श्रुतिहारि°-श्रुतेर्हारिः निस्वनो येषां ते। मूढाः- indiscriminating, not able to distinguish between a lotus and peacock's feathers. कलापचक्रेषु etc.—See note no. I. 16. The colours of the circular rings create this delusion. They look very much like new (*i.e.*, bright) lotuses and hence the bees make towards them. The comparison of the circles on the peacock's plumage to flowers is not unusual ; see Vik. IV. 10 सति कुसुमासनाथे etc.

15. नव-Freshly formed. नववारिदस्वनैर्मदान्वितानां-मद 'pride', 'fury'. They are envious of the thunder because it resembles their own trumpets, and hence they roar in emulation. *Cf.* नान्तर्वर्तयति ध्वनत्सु जलदेष्वामन्द्रमुद्गर्जितं Māl. M. IX. 33. विमल-lit. 'clean', *i.e.*, bright and shining. सभृङ्गयूथैः-the ichor has got a certain odour which attracts bees.

1. प्रफुल्लपद्मां। प्रफुलपत्रां। विपन्नपुष्पां।
2. समुत्सुकाम्।
3. श्रुतिचारुनिस्वनाः।
4. च नृत्यताम्।
5. नवोत्पलाशयाः।
6. हतोयद।
7. स्वनतां।

कपोलदेशा विमालोत्पलप्रभाः
सभृयूङ्गथैर्मदवारिभिश्चिताः[1] ।।15।।

वनद्विपानामिति। नववारिदस्वनैः मेघध्वनिभिः। मदान्वितानां प्रतिगजध्वनिभ्रान्त्या समदानाम्। अत एव मुहुः मुहुः ध्वनतां वनद्विपानां विमलोत्पलप्रभाः विमलानां निर्मलानां उत्पलानां नीलकमलानां प्रभेव प्रभा येषां ते। कपोलदेशाः कपोलस्थानानि। सभृङ्गयूथैः भृङ्गवृन्दसहितैः। मदवारिभिः मदोदकैः। चिता व्याप्ताः। वर्तन्त इति शेषः। एतत्समानार्थाकम् पद्यम् प्रसवैः सप्तपर्णानां मदगन्धिभिराहताः। असूययेव तन्नागाः सप्तधैव प्रसुस्रुवुः' इति रघु० 4-23।

Wild elephants who, furious at the thunder of new clouds, are repeatedly trampeting, have their temples, shining like clean lotuses, covered with the juicy rut accompanied by swarms of bees.

सि[2]तोत्पलाभाम्बुदचुम्बितोपलाः
[3]समाचिताः प्रस्रवणैः स[4]मन्ततः।
[5]प्रवृत्तनृत्यैः शिखिभिः समाकुलाः
समुत्सुकत्वं जनयन्ति भूधराः।। 16 ।।

सितोत्पलाभेति। सितोत्पलाभाम्बुदचुम्बितोपलाः सितोत्पलानां कुमुदानां आभेव आभा येषाम्। वृष्टिकाले मेघाः शुभ्रवर्णा लक्ष्यन्ते। तादृशाः ये अम्बुदः तैश्चुम्बिताः उपलाः पाषाणाः येषां ते। 'पाषाणप्रस्तारग्रावोपलाश्मानः शिलादृषत्' इत्यमरः। 'नीलोत्पलाभाम्बुदचुम्बितोपलाः' इत्यपि पाठः समीचीनः। प्रस्रवणैः वारिप्रवाहैः। 'उत्सः प्रस्रवणं वारिप्रवाहो निर्झरो झरः' इत्यमरः। समन्ततः सर्वतः। समाचिताः व्याप्ताः। प्रवृत्तनृत्यैः प्रारब्धनर्तनैः। शिखिभिः मयूरैः। समाकुलाः व्याप्ताश्च। भूधराः पर्वताः। वियोगिनां मनसीति शेषः। समुत्सुकत्वं जनयन्ति।

Their rocks being touched by clouds bright like white lotuses, mountains covered all around with water-falls (and) full of dancing peacocks create anxiety (in the beholder).

मदवारिभिश्चिताः–The thought of the presence of antagonistic elephants excites the flow of rut ; *cf.* तस्यैकनागस्य कपोलभित्त्योर्जलावगाहक्षणमात्रशान्ता। वन्येतरानेकपदर्शनेन पुनर्दिदीपे मददुर्दिनश्रीः।। Ragh. V. 47.

16. सितोत्पला०–सित white. Those who have seen the white mists hanging

---

1. श्रिताः।
2. नीलोत्पलाभाम्बुद। सतोयनम्राम्बुद्। प्रवासिनामम्बुधरोक्षितोपलः। चुम्बितोत्पलाः।
3. सुभूषिताः।
4. अपङ्क्तिलैः।
5. प्रवृद्धनृत्यैः।

[1]कदम्बसर्जार्जुनकेत[2]कीवनं
वि[3]कम्पयंस्तत्कुसुमाधिवा[4]सितः।
सशीकराम्भोधरसङ्गशीतलः
समीरणः कं न करोति सोत्सुकम्।।17।।

कदम्बेति। कदम्बो नीपः सर्जोऽश्वकर्णकः अर्जुनः ककुभः केतक्यश्च तासां वनं कदम्बसर्जार्जुनकेतकीवनं। विकम्पयन् विधुन्वन्। अत एव तत्कुसुमाधिवासितः। तत्कुसुमैः पूर्वोक्तवृक्षाणां कुसुमैः अधिवासितः सुगन्धीकृतः। सशीकराम्भोधरसङ्गशीतलः। सशीकराः अम्बुकणसाहिताः ये अम्भोधराः तेषां सङ्गेन शीतलः। समीरणः वायुः। कं सोत्सुकं न करोति। अपि तु सर्वमपि करोतीत्यर्थः।

Shaking the groves of the *kadamba, sarja, arjuna* and *ketakī* trees, bearing the fragrance of their blossoms, (and) cool with the contact of clouds full of watery spray,–whom does the breeze not make love-sick?

शिरोरुहैः श्रोणितटावलम्बिभिः
कृतावतंसैः कुसुमैः सुगन्धिभिः।

---

about and over the hill-tops in he Ghauts will realize the propriety of this epithet. सितोत्पलाभ°–the reading नीलोत्पलाभ° would not be so vividly discriptive. उपल–*m.* a stone, a rock. प्रस्रवण–*m* (from प्र+स्रु to flow) a cascade, a waterfall. भूधर–*m.* a mountain (भुवं धरतीति) ; *cf.* the epithet क्षितिभृत् VI. 25. With the idea of the last line, *cf.* मेघालोके भवति सुखिनोऽप्यन्यथावृत्ति चेतः Meg. I.2.

17. **कदम्बसर्जार्जुनकेतकीवनम्**–कदम्ब Name of a tree (Mar. कळंब) ; सर्ज Name of a tree (Mar. असणा); अर्जुन Name of a tree (Mar. अर्जुनसादडा) ; केतकी Name of a tree (Mar. केवडा). These trees are said to blossom in the rainy season. Compare—रक्तकदम्बः सोऽयं प्रियया घर्मान्तशंसि यस्यैकं कुसुमं etc. Vik. IV. 30. उत्फुलार्जुनसर्जवासितवहत्पौरस्त्यझञ्झामरुत् M.M. IX. 17. कठोरेय केतकान्. *ibid.*, IX. 42. Some read कदम्बसर्जार्जुननीपकेतकीः ; but since कदम्ब and नीप mean the same, we prefer the reading in the text ; it will do, however, if नीप is taken in is less familiar sense of नीलाशोक (*cf.* III. 13). अधिवासितः–अधिवासः fragrance संजातोऽस्य। कं न करोति–सर्वमेव करोतीत्यर्थः। सोत्सुकं–*see* note at I.6.

18. श्रोणितटाः°–श्रोणेः तटं तस्मिन् अवलम्वन्ते तैः। कृतावंतसैः–कृताः अवतंसाः (ornaments for the ear ; *see* the latter half of verse 20) येषां तैः। सुगन्धिभिः–शोभनो

---

1. प्रफुल्ल।
2. नीपकेतकीः। नीपकेतकामन्कीन्।
3. उत्कम्प्यन्। प्रकल्पयन्।
4. वासनः।

स्तनैः [1]सहारैर्वदनैः [2]ससीधुभिः
स्त्रियो रतिं संजनयन्ति कामिनाम्।। 18।।

शिरोरुहैरिति। श्रोणितटावलम्बिभिः श्रोणितटे नितम्बदेशे अवलम्बन्ते तच्छीलैः। 'सुप्यजातौ णिनिस्ताच्छील्ये' इति णिनिः। शिरोरुहैः शिरसि रोहन्तीति शिरोरुहाः केशाः तैः। कृताः अवतंसाः कर्णभूषणानि येषां तैः कृतावतंसैः। 'अवतंसो न स्त्रियां स्यात्कर्णपूरे च शेखरे' इति मेदिन। शोभनो गन्धो येषां तैः सुगन्धिभिः। 'गन्धस्येदुत्पूतिसुसुरभिभ्यः' इतीकारोऽन्तादेशः। कुसुमैः। सहारैः मुक्ताहारसहितैः। स्तनैः। ससीवुभिः सासवैः वदनैः च। 'आसवः सीधुः' इत्यमरः। स्त्रियः। कामिनां विलासिनां रतिं रागं संजनयन्ति उत्पादयन्ति।

By the hair hanging down over their broad hips, by fragrant flowers made up into ear-ornaments, by breasts on which gralands are worn, (and) by mouths with wine (in them), women inflame love in (their) lovers.

[3]तडिल्लताशक्रधनुर्विभूषिताः
पयोधरास्तोयभरावलम्बिनः।
स्त्रियश्च[4] काञ्चीमणिकुण्डलोज्ज्वला
हरन्ति चेतो युगपत्प्रवासिनाम्।। 19।।

तडिल्लतेति। तडित् लता इव तडिल्लता विद्युल्लता। शक्रधनुः इन्द्रधनुः ताभ्यां विशेषेण भूषिताः तडिल्लताशक्रधनुर्विभूषिताः। तोयभरेण जलभारेण अवलम्बिनः नम्राः तोयभरावलम्बिनः। पयोधराः मेघाः। काञ्चीभिः रसनाभिः मणिकुण्डलैश्च उज्ज्वलाः शोभायमानाः काञ्चीमणिकुण्डलोज्ज्वलाः। स्त्रियः स्मृत्युपस्थापिताः स्वीयाः स्त्रियः। अत्र 'स्त्रियश्चात्र परकीयाः' इति केषांचिव्द्याख्यानमप्रयोजकत्वाद्धेयम्। प्रवासिनां चेतः युगपत् समकालं हरन्ति अपरहन्ति। तान्मूर्छितान्करोतीति भावः।

Clouds, adorned with streaks of lightning and rainbows (and) hanging low with the burden of water, and women bright with waist-bands and jewelled ear-rings, simultaneously distract the minds of travellers.

गन्धो येषां तैः। Regarding the change of गन्ध at the end of a *Bahuvrīhi* compound. *see* Dr. Bhandarkar's *Second Book,* XX. 9 *b.* सीधु–*m.* a kind of spirituous liquor (written also as शीधु). रतिः–love.

19. तडिल्लता॰–तडित् लतेव (forked lightning) सा तडिल्लता। सा च शक्रधनूंषि (*see* note on सुरेन्द्रचापं, verse 4) च तैः विभूषिताः।

---

1. सुपीनैः।
2. ससर्षपैः।
3. तडिल्लताः। तडिद्गणाः।
4. ख।

[1]मालाः कदम्बवनकेसरकेतक[2]कीभिः-
रायोजिताः शिरसि बिभ्रति योषितोऽद्य।
[3]कर्णान्तरेषु ककुभद्रुमम[4]ञ्जरीभि-
रिच्छा[5]नुकूलरचितानवतंसकांश्च।। 20।।

माला इति। अद्य अस्मिन्नहनि। योषितः शिरसि। कदम्बनवकेसरकेतकीभिः। कदम्बानि नीपकुसुमानि नवकेसराणि प्रत्यग्रबकुलपुष्पाणि केतक्यश्च ताभिः। आयोजिताः गुम्फिताः। मालाः स्रजः। कर्णान्तरेषु कर्णप्रान्तेषु। ककुभद्रुममञ्जरीभिः अर्जुनवृक्षवल्लरीभिः। 'वल्लरिर्मञ्जरिः स्त्रियौ' इत्यमरकोशान्मञ्जरिशब्दस्य ह्रस्वान्तत्वेऽपि। 'कृदिकारादक्तिनः' इति ङीषि दीर्घान्तत्वमपि। इच्छानुकूलरचितान्। इच्छानुकूलं यथा तथा रचितान् योजितान्। अवतंसकान् च। अवतंसाः एव अवतंसकाः भूषणानि तान्। स्वार्थे कन्। बिभ्रति धारयन्ति।

To-day women wear on the head garlands made of *kadambas*, new flowers of *kesara*, and *ketakīs* ; and in the ear-spaces (they wear) ear-ornaments made as they wished with the flowers of the *kakubha* tree.

काञ्चीमणि॰–काञ्चयश्च मणिकुण्डलानि च तैः उज्ज्वलाः। युगपत्–*ind.* 'at the same time,' 'simultaneously' ; what is meant is that when they see the clouds in all their resplendent glory they are natually reminded of the beautiful mistresses they have left behind, and this thought affects them. There is a resemblance between women and clouds in the काञ्ची is like तडिल्लता while the मणि कुण्डलानि (Kuṇḍalas made of gems of various colours) correspond to शक्रधनूंषि. For the correspondence of मणिकुण्डलानि to शक्रधनूंषि *cf.* अनुययौ विविधोपलकुण्डलद्युतिवितानकसंवलितांशुकम्। धृतधनुर्वलयस्य पयोमुचः शबलिमा बलिमानमुषो वपुः।। Śiś. VI. 27. By तोयभरावलम्बिनः the पयोधरभारनम्रत्व of women is also suggested.

20. कदम्ब॰–कदम्बानि च नवकेसराणि च केतक्यश्च। केसर–the *bakula* tree (*cf.* verse 25). and its flower, s here. केतकी–blossoms of the *ketakī* plant आयोजित–'strung out of,' 'made from' (रचित) ; *cf.* कुसुमायोजितकार्मुको मधुः Kum. IV. 24. बिभ्रति–3rd person plural of भृ, present tense. कर्णान्तरेषु–अन्तर in the sense of 'space' between the ear and the head (अवकाश) *cf.* अपि वनान्तरमल्पकुचान्तरा Vik. IV. 26. ककुभ–is the अर्जुन tree of verse. 17. मञ्जरि–॰री 'a flower' 'a tuft of blossoms.' इच्छानुकूलरचितान्–इच्छा desire, liking तस्या अनुकूलं यथा यथा इच्छानुकूलम्। इच्छानुकूलं रचितास्तान्। अवतंसकः–an ear-ornament (*cf.* Śloka 18).

---

1. माला।
2. केतकीनां।
3. कर्णान्तरे च।
4. मञ्जरीणाम्।
5. श्रोत्रानुकूल। नेवानुकूल। सूनानुकूल।

कालागुरुप्रचुरचन्दनच[1]र्चिताङ्ग्यः
पुष्पावतंससुरभीकृतकेशपाशाः ।
श्रुत्वा ध्वनिं जलमुचां त्वरितं प्रदोषे
शय्यागृहं गुरुगृहात्प्रविशन्ति नार्यः ।। 21 ।।

कालागुरुप्रचुरेति। कालागुरुप्रचुरचन्दनचर्चिताङ्ग्यः। कालागुरुः कृष्णागुरुः तत्प्रचुरेण तद्भूयिष्ठेन चन्दनेन चर्चितानि लिप्तान्यङ्गनि यासां ताः। पुष्पावतंससुरभीकृतकेशपाशाः। पुष्पाणां अवतंसैः भूषणैः सुरभीकृताः सुगन्धीकृताः। अभूततद्भावे च्विः। च्वाविति दीर्घः। केशपाशः केशकलापा यासां ताः। 'पाशः पक्षश्च हस्तश्च कलापार्थाः कचात्परे' इत्यमरः। नार्यः प्रदोषे निशारम्भे। जलमुचां मेघानां। ध्वनिं श्रुत्वा गुरुगृहात् श्वशुराद्यधिष्ठितगृहात्। शय्यागृहम् शयनगृहम्। पत्युरिति शेषः। त्वरितं शीघ्रं प्रविशन्ति।

Their limbs smeard with ample sandal-paste and (powdered) black *aguru*, (and) their abundant hair rendered fragrant by flower-wreaths, women, hearing the rumble of clouds, quickly enter in the early night the bed-chamber, leaving the apartments of the elders.

---

21. कालागुरुः *n.*–a kind of fragrant, black aloe wood. कालागुरु॰–कालागुरु च प्रचुरचन्दनं च। अवतंस–here means 'a garland of flowers' (serving as an ornament). Compare 'पुंस्युत्तंसावतंसौ द्वौ कर्णपूरे च शेखरे' Ak. III. 3. 227). The other meaning o the word has occurred in Ślokas 18 and 20. सुरभीकृत–should be dissolved like घनान्धकारीकृत (Śloka 10). ॰केशपाशाः–*cf.* IV. 14 ;V. 12 ; पाश at the end of a compound has various senses ; *contempt*, as when coming after छात्र, छात्रपाशः 'a bad pupil;' *beauty*, as in कर्णपाशः 'a beautiful ear;' *abundance*, as in केशपाशः (कुन्तलसमूह इत्यर्थः) Compare—

पाशः कचान्ते संघार्थः कर्णान्ते शोभनार्थकः।
छात्राद्यन्ते च निन्दार्थः–इति विश्वः।

त्वरितं–to be constructed with प्रविशन्ति. प्रदोष–*see* note on I. 12. गुरुगृहात्–'from the house of the elders,' *i.e.*, the apartment (part of the house) occupied by the elders.

---

1. चर्चिताङ्गाः।

कुवलय[1]दलनीलैरु[2]न्नतैस्तोय[3]नम्रै-
मृदुपवनविधू[4]तैर्मन्दमन्दं चलद्भिः।
अपहृतमिव चेतस्तोयदैः सेन्द्र[5]चापैः
पथिकजनवधूनां तद्वि[6]योगाकुलानाम्।। 22।।

कुवलयेति। कुवलयदलनीलैः इन्दीवरपत्रश्यामैः उन्नतैः उच्चैः तोयनम्रैः। जलाभरावलम्बिभिः। मृदुपवनविधूतैः मृदुना मन्देन पवनेन वायुना विधूतैः मन्दमन्दं ईषन्मन्दम्। 'प्रकारे गुणवचनस्य' इति द्विर्भावः। अत्र वामनः। 'प्रकारार्थत्वे तु प्रकारे गुणवचनस्येति द्विर्वचने कृते कर्मधारयवद्भावे मन्दमन्दमिति प्रयोगः' इति। चलद्भिः संचरद्भिः। सेन्द्रचापैः शक्रधनुस्सहितैः तोयदैः। तेषाम् तच्छब्दस्य बुद्धिस्थपरामर्शकत्वात्पथिकानामित्यर्थः यः वियोगः तेन आकुलानां तद्वियोगाकुलानां। पथिकजनवधूनां पान्थजनस्त्रीणां चेतः। अपहृतम् इव चोरितमिव।

The hearts of travellers' wives, distressed at separation from them, are as it were stolen by the clouds, which are black like lotus-leaves, which are resting on high (and) bending low with water, which are wafted by soft breezes and are very slowly moving, (and) which have rainbows on them.

मुदित इव कदम्बै[7]र्जातपुष्पैः समन्ता-
त्पवनचलितशाखैः शाखिभिर्नृत्यतीव।

---

22. उन्नत–'resting on high' (Maṇ. उच्चस्थ). मन्दमन्दं *ind.* 'very slowly'. *Cf.* V.14 (Diss. मन्दामन्दं मन्दमन्दम्). इन्द्रचाप–*see* note on सुरेन्द्राचाप, verse 4. वधू–*fem.* wife. तद्वियोगा०–पथिकजनवियोगाकुलानाम्।

23. कदम्बजातैर्पुष्पैः–*See* note on II. 17. मुदित इव etc. – sudden joyful emotion causes the hair to stand on its end; the sudden appearance of the *kadamba* flowers is often, as here, compared to this sensation ; *cf.* —

सस्वेदरोमाञ्चितकम्पिताङ्गी जाता प्रियस्पर्शसुखेन वत्सा।
मरुन्नवाम्भः प्रविधूतसिक्ता कदम्बयष्टिः स्फुटकोरकेव।। Uttar. III. 42

---

1. दललीलैः।
2. उद्धतैः।
3. स्तोकनम्रैः।
4. विशेषा।
5. स्तोकनम्रैः।
6. तद्वियोगक्षतानाम्।
7. जाति।

हसितमिव विधत्ते [1]सूचिभिः केतकीनां
नवसलिलनिषेक[2]कच्छिन्न[3]तापो वनान्तः ।। 23 ।।

गुदित इति। नवसलिलनिषेकच्छिन्नतापः नवसलिलनिषेकेण नूतनजलाभिवर्षणेन छिन्नः तापः यस्य सः। वनान्तः वनप्रदेशः। समन्तात् सर्वतः। जातपुष्पैः उद्भूतकुसुमैः। कदम्बैः। मुदित इव। पवनचलितशाखैः पवनेन चलिताः कम्पिताः शाखाः येषां तैः। शाखिभिः वृक्षैः। नृत्यतीव नर्तनं करोतीव। केतकीनां सूचिभिः गर्भपत्रैः। हसितं हास्यं। विधत्ते इव करोतीव। अत्र जातपुष्पैः कदम्बैः इत्यनेन हर्षोद्भूतरोमाञ्चोद्गमः पवनचलितशाखैः इत्यनेन नर्तकस्य हस्ताभिनयः केतकीनां सूचिभिः इत्यनेन केतकीसूचीनां स्वभावतो धवलत्वात् तत्तुल्यं हसितं च व्यज्यते।

The forest-region, whose heat has been allayed by the showers of the fresh water, is rejoicing as it were by the *kadambas* putting forth blossoms all around, is dancing as it were by the trees whose branches are waving in the wind, (and) is laughing as it were by the buds of *ketakīs*.

शिरसि बकुलमालां मालतीभिः समेतां
विक[4]सितनवपुष्पैर्यूथिकाकुड्मैश्च[5]।

शाखिन्–a tree (शाखाः सन्त्यस्य). नृत्यतीव–In dancing a person waves his hands and arms, and the tossing of the branches is compared to this हसितमिव etc.—In laughing a person naturally shows his white teeth (–and hence the conventional colour of a smile is *white* in Sanskrit poetry), and the *ketakī* buds resemble them. हसितं विधत्ते–हसतीत्यर्थः सूचिः lit. 'a needle; hence, 'a pointed bud' (like that of *ketakī* plant). वनान्तः–*see* note on I. 22.

24. शिरसि बकुल० etc.—It is preferable to take the first half of the verse together (*i.e.* to cannect ०पुष्पैः and ०कुड्मलैः, like मालतीभिः, with समेतां, and not, like ०कदम्बैः, with कर्णपूरं). The garland is of *bakulas* interwoen with मालती, यूथिका, and other kinds of flowers. मालती–a kind of jasmine (the plant and the flower). Mar. जाई. ग्रूथिका—another kind of jasmine. Mar. जुई. कर्णपूरः-०रं–an ornament for the ears. रचयति–the season is supposed to do it because in these months those flowers abound. जलदौघः–जलदानां ओघः

---

1. सूतिभिः।
2. निषेकात्।
3. शान्ततापः। खाततापः।
4. कुसुमितवनपुष्पैः। कुसुमितनवपुष्पैः।
5. जालकैश्च।

विकचनवकदम्बैः कर्णपूरं वधूनां
रचयति जलदौघः कान्तवत्काल एषः ।। 24 ।।

शिरसीति एषः जलदौघः जलदानां मेघानां ओघः समुदायः यस्मिन्सः। कालः वर्षाकाल इति यावत्। कान्तवत्। कान्तेन तुल्यम्। मालतीभिः मालतीपुष्पैः। विकसितनवपुष्पैः। उत्फुल्लनूतनकुसुमैः। यूथिकाकुङ्मलैः लोके 'जुई' इति प्रसिद्धलताकोरकैः च समेतां युक्तां बकुलमालां। वधूनां स्त्रीणां। शिरसि। तथा विकच-नवकदम्बैः प्रफुल्लनूतनकदम्बपुष्पैः कर्णपूरं कर्णावतंसं च रचयति कारयतीत्यर्थः।

This season with its masses of clouds arranges, like a lover, on the heads of wives, a wreath of *bakula* blossoms together with *mālatī* flowers, newly bloomed flowers and the buds of *yūthikā*, and (arranges) an ear-ornaments of newly opened *kadambas*.

दधति [1]वरकुचाग्रैरुन्नतैर्हारयष्टिं
[2]प्रतनुसितदुकूलान्यायतैः श्रोणिबिम्बैः ।
नवजलक[3]णसेकादुद्ग[4]ता रोमरा[5]जीं
[6]ललितवलिविभङ्गैर्मध्य[7]देशैश्च [8]नार्यः ।। 25 ।।

दधतीतिः। नार्यः। उन्नतैः उच्चैः। वरकुचाग्रैः श्रेष्ठस्तनाग्रै। हारयष्टिं मुक्ताहार-लताम्। आयतैः विस्तृतैः। श्रोणिबिम्बैः नितम्बदेशैः। प्रतनुसितदुकूलानि सूक्ष्मश्वेत-क्षौमाणि। ललितवलिविभङ्गैः ललिताः मनोहराः वलिविभङ्गा वलिरचनाः येषु तैः। मध्यदेशैः। नवजलकणसेकात्। उद्गतां उत्थितां अभिव्यक्तामिति यावत्। रोमराजीं रोमाञ्चपङ्क्तिं च दधति धारयन्ति।

Women bear strings of necklaces by the lofty tops of their excellent breasts, white and very thin silk-cloths by their broad, round hips, and the line of hair, visible on account of the sprinkling of particles of fresh water, by their waists having lovely furrows of skin-folds.

---

multitude यस्मिन् सः। कान्तवत्–कान्तेन तुल्यं। The action of the rainy season is compared to that of a lover who also puts these decorations on the person of his love.

25. **हारयष्टिं**–*see* note on I. 8. हारयष्टिं is जातावेकवचनम्। प्रतनु–प्रकर्षेणतनु 'very

---

1. पृथुकचाग्रैः। कुचयुगाग्रैः।
2. रुचिरतर।
3. नव।
4. उन्नताम्।
5. राजिम्।
6. त्रिवलिवलिविभङ्गैः। ललितवलिविभागैः। त्रिवल्लिवलित–ललितशोभाम्। त्रिवलिजनितशोभैः।
7. मध्यदेशैः।
8. तु।

नवजलकणस[1]ङ्गाच्छीततामादधानः
कुसुमभरनतानां लास[2]कः पादपानाम्।
जनितरु[3]चिरगन्धः केतकीनां रजोभिः
परिह[4]रति नभस्वान्प्रोषि[5]तानां मनांसि।। 26।।

नवजलेति। नवजलकणासङ्गात् नवानां जलकणानां सङ्गात् शीतताम् आदधानः धारयन्। कुसुमभरतानां पुष्पभारावनम्राणां। पादपानां तरूणां लासकः नर्तकः। केतकीनां रजोभिः परागैः। जनतिरुचिरगन्धः जनितः उत्पादितः रुचिरगन्धः यस्य सः नभस्वान् वायुः। प्रोषितानां प्रवासिनां मनांसि। परिहरति परितः हरति चोरयतीत्यर्थः।

Possessing a coolness born of the contact with the spray of fresh water, making trees bent with the burden of flowers dance, (and) spreading a beautiful aroma by the pollen of *ketakī* flowers, the wind steals the hearts of travellers.

जलभर[6]नमितानामाश्रयोऽस्माकमुच्चै-
रयमिति जलसेकैस्तोयदास्तोयनम्राः।

---

thin'. For दुकूल and श्रोणिबिम्ब *see* notes on I.4. °सेकादुद्गतां–the sudden cool sensation makes the hair stand on end. The 'line of hair' is above the navel राजिः–जी *f.*–a line. *Cf.* तस्याः प्रविष्टा नतनाभिरन्ध्रंरराज नीला नवरोमराजिः। Kum. I. 38. ललित–graceful, charming. वलिविभङ्गाः–वलीनां विभङ्गाः 'the furrows of the folds of the skin.' The three folds of the skin (called वलित्रयं) on the belly with a line of hair above them are considered as a mark of beauty. *Cf.* Kum. I. 39. मध्यदेशः–'the waist'.

26. **लासकः**–causing to dance (लासयतीति) ; *cf.* आनर्तयंस्तरुवरान्कुसुमावनम्रान्। III. 10. परिहरति–परि from all sides, completely. नभस्वत्—*m.*, the wind (नभः अस्य आश्रयत्वेन अस्तीति)।

27. **जलभर**°–the other reading जलधरविनतानां is almost meaningless, and hence we have adopted जलभर° उच्चैः (1) lofty (used an adj.) ; or (2) nobly ; a generous refuge of. For its adv. use. *cf.* I. 22. परुष–'strong, fierce'. (*See* notes on I. 22) ग्रीष्मवह्ने :–ग्रीष्मकालेभवः वह्नि दवाग्निः तस्य। शिखाः–flames. ह्लाद् *caus.*–

---

1. सेकात्।
2. लालसः। नाशकः। नाथकः।
3. सुरभि।
4. व्यवहरति। अवहरति।
5. योषितानाम्।
6. जलभरविनतानाम्।

अतिशयपरुषाभिर्ग्रीष्मवह्नेः शिखाभिः
समुपजनिततापं ह्लादयन्तीव विन्ध्यम्।। 27।।

जलभरेति। जलभरनमितानां उदकभारनम्राणां। अस्माकं अयं पुरो दृश्यमानः विन्ध्यः। उच्चैः महान् आश्रयः। इति हेतोः इव। तोयनम्राः। तोयदाः। अतिशयपरुषाभिः अतिशयेन परुषाभिः उग्राभिः ग्रीष्मवह्नेः दवाग्नेः शिखाभिः ज्वालाभिः समुपजनिततापं। समुपजनितः उत्पादितः तापः तस्य तं। विन्ध्यं तन्नामानं पर्वतं जलसेकैः उदकोक्षणैः ह्लादयन्तीव आनन्दयन्तीव।

'He is far and away our (best) support when (we are) bent with the burden of water'—with this thought, as it were, clouds bent with water are gladdening with showers of water the Vindhya mountain which has been scorched by the very fierce flames of the fire in summer.

बहुगुण[1]रमणीयः [2]कामिनीचित्तहारी
तरुविटपलतानां बान्धवो निर्विकारः।
जलदसमय एष[3] [4]प्राणिनां प्राण[5]भूतो
दिशतु तव हितानि प्रायशो वाञ्छितानि।। 28।।

बहुगुणेति। बहुगुणरमणीयः। कामिनीचित्तहारी कामिनीनां स्त्रीणां चित्तं हृदयं हरति तच्छीलः। तरुविटपलतानां तरुविटपाः वृक्षशाखा लताश्च तासाम्। निर्विकारः दवाग्न्यादिविकाररहितः। बाधवः। अकारणबन्धुरित्यर्थः। प्राणिनां जनानां। प्राणभूतः

---

to gladden, to referesh. ह्लादयन्तीव–the इव should be understood with इति of line 2. विन्ध्य–*see* note on verse 8.

28. **तरुविटपलतानां**–the same expression has occurred at I. 24. **बान्धवः**–a kinsman, relation, friend बन्धुरेव बान्धवः। प्रज्ञाद्यण्। अण् is added to words of the प्रज्ञादि list स्वार्थे, that is, in he original sense of the word. निर्विकारः–'unchangeable.' Other friends are likely to change and turn aside ; this one is constant. प्राणभूतः–A सुप्सुपा com. दिश्–to grant. *Cf.* निःशब्दोपि प्रदिशसि जलं याचितश्चातकेभ्यः। Megh. II. 54. हितानि वाञ्छितानि—the blessings or good things desired by you, प्रायशः–mostly, nearly all.

---

1. इति बहुगुणरम्यः।
2. योषिताम्। कामिनाम्।
3. एषाम्।
4. प्राणिनः।
5. प्राणहेतुः।

प्राणसदृशः। एषः जलदसमयः वर्षर्तुः। तव हितानि वाञ्छितानि इच्छितानि प्रायशः बाहुल्येन दिशतु ददातु।

इति बालबोधिनीटीकासहितस्य ऋतुसंहारस्य
काव्यस्य प्रावृड्वर्णनं नाम द्वितीयः सर्गः।।

May this rainy season, charming by reason of its numerous excellences, the delighter of women's hearts, the unchanging friend of creeper and tree-twigs, (and) which is the (very) life (as it were) of creatures,—may it grant nearly all your cherised good things.

CANTO III

तृतीयः सर्गः

A Description of the Autumn Season

अथ क्रमागतं शरदृतुं वर्णयति–

काशांशुका विकचपद्ममनोज्ञवक्त्रा
सोन्मादहंसरव[1]नूपुरनादरम्या।
आपक्वशालिरु[2]चिरानत[3]गात्रयष्टिः
प्राप्ता शरन्नववधूरिव [4]रूपरम्या।। 1 ।।

काशांशुकेति। काशांशुका काशमेव काशपुष्पमेवांशुकं वसनं यस्याः सा। पक्षे काशमिवांशुकं यस्याः सा। विकचपद्ममनोज्ञावक्त्रा। विकचं प्रफुल्लं पद्ममेव मनोज्ञं वक्त्रं यस्याः सा। पक्षे विकचपद्ममिव मनोज्ञं वक्त्रं यस्याः सा। सोन्मादहंसरव-नूपुरनादरम्या। सोन्मादानां समदानां हंसानां रव एव नूपुरनादः तेन रम्या। पक्षे सोन्माद-हंसरव इव नूपुरनादस्तेन रम्या। आपक्वशालिरुचिरानतगात्रयष्टिः। आपक्वा आसमन्ता-त्परिपक्वा ये शालयः त एव रुचिरा सुन्दरा आनता ईषन्नम्रा गात्रयष्टिः तनुलता यस्याः सा। पक्षे आपक्वशालय इव रुचिरानतगात्रयष्टिर्यस्याः सा। रुचिरातनुगात्रयष्टि-रित्यपपाठः। रुचिराशब्दस्य पुंवद्भावेन 'रुचिरतनु॰)' इति प्रयोगात्। रुचिरा आतनुः इत्यादिविग्रहप्रदर्शनेनोपपत्तिस्तु क्लिष्टा कवेरसंमता च। रूपगम्या। रूपेण रम्या। रम्य-रूपा इति पाठः प्रकान्तबहुव्रीह्यनुगुणत्वात्साधीयान्। नववधूरिव नवोढेव शरत् प्राप्ता।

Autumn comes, beautiful in appearance like a new (fly wedded) bride, having the *kāśa* flowers as raiment (*having raiment white like the kāśa flower*) (and) the full=blown lotus as the lovely face (*a lovely face like a full-blown lotus*), charming with the cries of infantuated swans serving as the tinkling of anklets (*charming with the tinkling of anklets resembling the crises of infatuated swans*) (and) having the ripening rice as the lovely, stooping, slender body (*having a lovely, stooping, slender body like the ripening rice*).

1. काशांशुका–काशं (a flower of the *kāśa* grass) एव अंशुकं (garment) यस्याः। The *kāśa* flowers, which make their appearance in this season (*cf.*

1. रुत।
2. ललिता।
3. तनु।
4. हारिरूपा।

काशैर्मही शिशिरदीधितिना रजन्यो
हंसैर्जलानि सरितां कुमुदैः सरांसि।
सप्तच्छदैः कुसुमभारनतैर्वनान्ताः
शुक्लीकृतान्युपवनानि च मालतीभिः ।। 2 ।।

काशैरिति। काशैः काशपुष्पैः। मही भूमिः। शिशिरदीधितिना चन्द्रेण। रजन्यः निशाः। हंसैः सरितां निम्नगानां। जलानि । कुमुदैः श्वेतोत्पलैः। सरांसि। कुसुमभारनतैः कुसुमभारेण पुष्पभारेण नतैः नम्रैः। सप्तच्छदैः लोके 'सातवण' इति प्रसिद्धैर्वृक्षैः। वनान्ताः। मालतीभिः मालतीपुष्पैः। उपवनानि कृत्रिमवनानि च शुक्लीकृतानि शुभ्रीकृतानि।

The earth is whitened by the *kāśa* flower ; the nights by the moon, the waters of the rivers by swans, the lakes by lotuses, the forest-regions by the *saptacchada* trees bent with the burden of flowers, and the grounds by the *mālatīs*.

विसकत्काशचामरः ऋतुः Ragh. IV. 17 and निर्वृत्तपर्जन्यजलाभिषेका प्रफुल्लकाशा वसुधेव रेजे Kum. VII. 11.) are *white* in colour, and hence they are looked upon as the (white) garments of the bride. *Cf.* the description of शरद् in Mudrā. III. 20. 'आकाशं काशपुष्पच्छविमभिभवता भस्मना शुक्लयन्ती' etc. विकच°–विकचपद्मं एव मनोज्ञवक्त्रं यस्याः सा। Lotuses are abundant in autumn (*cf.* पुण्डरीकातपत्रः ऋतुः Ragh. IV. 17). सोन्माद°–सोन्मादहंसानां रव एव नूपुरनादः तेन रम्या। *see* note on I.5. सोन्माद. because the swans are glad of the advent of the autumnal season. *Cf.* III. 13. आपक्व°–आपक्वशालिरेव रुचिरा आनता च गात्रयष्टिः यस्या सा। आपक्व–'slightly ripened,' 'ripening' शालिः–*m.* 'rice.' गात्रयष्टिः–गात्रं वपुर्यष्टिरिव a thin or slender body (like a stick) ; the word is written either यष्टि, or यष्टी as at IV. 15, 17). आनत 'slightly stooping. नताङ्गत्व is considered as a mark of beauty ; (*cf.* Mal. K. IX. 29. लतासु नम्रत्वं etc.; *cf.* also IV. 15. The other reading रुचिरातनुगात्रयष्टिः is to be rejected because (1) रुचिरा ought to be रुचिर in the compound ; (2) the word गात्रयष्टि renders the use of तनु (thin, slim) superfluous, and (3) आनत describes the bending, ripe corn, which तनु does not. शरत् 'the autumnal season,' the months of आश्विन and कार्तिक, corresponding roughly to October and Novemeber. As at I. 12 and II. 1, the adjectives can be applied to नववधूः as well, with different renderings (काशमिव श्वेतं अंशुकं यस्या; विकचपद्ममिव मनोज्ञवक्त्रं यस्याः, सोन्मादहंसरव इव यः नूपुरनादः तेन रम्याः, आपक्वशालिरिव रुचिरा आनता च गात्रयष्टिर्यस्याः) रूपरम्या–रूपेण रम्या, delightful by its beauty.

2. शिशिरदीधितिः–the moon. (शिशिराः cold दीधतयः, rays यस्य, *cf.* शीतांशु, तुहिनांशु etc.) कुमुद–is a *white* lotus ('सिते कुमुदकैरवै' इत्यमरः). सप्तच्छद–Name of a tree (Mar. सांतवण, Der. काण्डे काण्डे सप्त पर्णानि यस्य) with *white* flowers *Cf.*

[1]चञ्चन्मनोज्ञशफरीरसनाकलापाः
पर्यन्तसंस्थितसिताण्डजप[2]ङ्क्तिहाराः।
नद्यो विशालपुलि[3]नान्तनितम्बबिम्बा[4]
मन्दं प्रयान्ति समदाः प्रमदा इवाद्य।। ३।।

चञ्चन्मनोज्ञेति। चञ्चन्मनोज्ञशफरीसनाकलापाः। चञ्चन्त्यः स्फुन्तयः मनोज्ञा मनोहराः शफ्रयः मत्स्यविशेषाः एव रसनाकलापाः काञ्चीभूषणानि यासां ताः। पक्षे चञ्चन्मनोज्ञशफर्य इच काञ्चीकलापा यासां ताः। पर्यन्तसंस्थितसिताण्डजपङ्क्तिहाराः। पर्यन्ते परिसरे संस्थितानामुपविष्टानां सिताण्डजानां हंसानां पङ्क्तय एव हारा यासां ताः। विशालपुलिनान्तनितम्बबिम्बाः विशालाश्च ते पुलिनान्ताः पुलिनप्रदेशास्त एव नितम्बबिम्बा यासां ताः। पक्षे विशालपुलिनान्ता इव नितम्बबिम्बा यासां ताः। प्रमदा इव। कामिन्य इव नद्यः। अद्य संप्रति। मन्दं। प्रयान्ति गच्छन्ति।

To-day rivers are moving slowly, like women under the influence of passion, with the beautiful, leaping *śapharī* fish for girdle-bands (*with girdle-bands like the beautiful, leaping śapharī fish*), with the rows of white birds stationed on the margins for garlands (*with garlands like the rows,* etc.), (and) with the broad, sandy regions (on the banks) for round hips (*with round hips resembling the broad, sandy regions*).

प्रसवैः सप्तपर्णानां etc. Ragh. IV. 23. भारः–a burnden ; *cf.* III. 18 दनान्ताः–*see* note on I.22. शुक्लीकृतानि–The predicate is *plural* in number according to Apte's *Guide*, §13 and *neuter* in gender according to § 21 (Ed. 6th). उपवनं–उपगतं वनं an (artificial) garden, grove, मालती. *See* note on II. 24.

3. In this verse the slow, languid movement of the rivers is compared to that of women, चञ्चन्मनोज्ञ°–चञ्चन्त्यः (from चञ्च् I.P. to leap, jump) मनोज्ञाश्च या शफर्यः (शफरी or र; is a kind of bright, little fish that glistens when darting about in shallow water ; hence मनोज्ञ. *Cf.* चटुलाफरोद्वर्तनश; in Megha. I. 44). ता इव रसनाकलापाः यासां ताः। The glittering whiteness of both is the point of comparison. *Cf.* उमा मीनपङ्क्तिपुनरुक्तमेखला Kum. VII. 26. रसना is a girdle, of gold or silver, studded with bright gems. रसनायाः कलापः (कलाप a band) 'the band or a girdle,' (*cf.* काञ्चीगुणैः IV. 4). *i.e.*, the girdle itself. It may also be explained as रसना एव कलापः भूषणं (ornament) as is done by Malli. at Ragh.

---

1. वल्गा।
2. भक्ति।
3. पुलिनोरु।
4. देशा।

व्योम क्वचिद्रजतशङ्खमृणालगौरै-
स्त्य[1]क्ताम्बुभिर्लघुतया शतशः प्रयातैः।
संलक्ष्[2]यते पवनवेगचलैः पयोदै
राजेव [3]चामरशतै[4]रुपवीज्यमानः ।। 4 ।।

व्योमेति। त्यक्ताम्बुभिः त्यक्तान्युज्झितान्यम्बूनि जलानि यैस्तैः। अत एव रजतशङ्खमृणालगौरैः रजतशङ्खमृणालानीव गौरैः धवलैः। लघुतया लघुत्वेन। शतशः प्रयातैः। पवनवेगचलैः पवनवेगेन चलैः चञ्चलैः। पयोदैः वारिदैः। व्योम गगनं। चामरशतैः। उपजीव्यमानः राजा इव। संलक्ष्यते संदृश्यते। चामवरैरिति पाठे शतशः प्रयातैरिति तस्यापि विशेषणमिति ज्ञेयम्।

With the clouds, white like silver, conch-shells and lotus-roots, which are moving in hundreds, being set in motion by the speed of the wind as they are lightened by the pouring of water, the sky in some places appears like a king being fanned by hundreds of *covrīs*.

XVI. 65. पर्यन्तसंस्थित॰ – पर्यन्ते ('on the border', 'on the banks') संस्थिता याः सितानां (white) अण्डजानां (birds) पङ्क्तयः ता एव हाराः यासां ताः। The rows o white birds resemble garlands. It is also posible to take सिताण्डज in the restricted sense of 'swans' अण्डजः (अण्डाज्जायते इति, *lit.* born from the egg), a bird. All living things are classed under four heads, जरायुज, अण्डज, स्वेदज and उद्भिज्ज।

विशाल॰–विशालपुलिनान्ता एव नितम्बबिम्बानि यासां ताः। For नितम्बबिम्ब *see* note on I. 4. अन्त 'region;' *cf.* note on वनान्त I. 22. The विशालत्व is the common quality required for comparison. The पुलिन of a river is often compared to जघन, as in सुभाषितावलि 1972. समदाः–'under the influence of youth's passion'. Note the alliteration in समदाः प्रमदाः। As at I. 12, II and III. 1, the adjectives can be applied to प्रमदाः with different renderings (चञ्चन्मनोज्ञशफर्य इव रसनाकलापाः यासां; पर्यन्तसंस्थितसिताण्डजपङ्क्तय इव हाराः यासां ; विशालपुलिनान्ता इव नितम्बबिम्बानि यासां)।

4. रजत॰–रजतं शङ्खाश्च मृणालानि च तानीव गौरैः। मृणाल — *see* note on I. 19. गौर, white ; at I. 26 it meant 'yellow'. लघु–*adj.*, light, the reason of lightness being त्यक्ताम्बुता. *Cf.* निर्वृष्टलघुभिर्मेघैः Ragh. IV. 15. लघुतया—the instrumental to be constructed with पवनवेगचलैः ॰चामर–*n*, cauri (so called because it is generally made from the bushy tail of the चमर ox). The whiteness and

---

1. वीताम्बुभिः। मुक्ताम्बुभिः।
2. उत्प्रेक्षते। उत्प्रेक्ष्यते।
3. चामरवरैः।
4. अपि वीज्यमानः। अभिवीज्यमानः।

भिन्नाञ्जनप्रचयकान्ति नभो मनोज्ञं
बन्धूकपुष्प[1]रजसारुणिता च भूमिः।
वप्राश्च पक्व[2]कलमावृतभूमिभा[3]गाः
प्रोत्क[4]कण्ठयन्ति न मनो भुवि कस्य यूनः ।। 5 ।।

भिन्नाञ्जनेति। भिन्नाञ्जनप्रचयकान्ति। भिन्नाञ्जनप्रचयस्य मर्दितकज्जलराशेः कान्तिरिव कान्तिर्यस्य तत्। मनोज्ञं नभः अन्तरिक्षम्। बन्धूकपुष्परजसा अरुणिता बन्धूकपुष्पपरागैः रक्तीकृता भूमिः। पक्वकलमावृतभूमिभागाः पक्वकलमैः आवृता आच्छादिताः भूमिभागा येषां ते। वप्राः प्राकाराश्च। अत्र वप्रभूमिभागे कमलानामसंभवात् 'चारुकमलावृत' इति पाठः न समीचीनः। कमलशब्देन स्थलकमलं वा ग्राह्यम्। भुवि अस्मिन् भूलोके। कस्य यूनः तरुणस्य मनः न प्रोत्कण्ठयन्ति प्रोत्सुकयन्ति ? अपि तु सर्वस्यापीत्यर्थः।

The beautiful sky, appearing (grey-blue) like a heap of powdered collyrium, and the earth reddened by the pollen of *bandhūka* flowers, and the fields with the grounds covered with ripened *kalama* rice—in the mind of which young man do these not create a longing, in this world?

---

motion of the clouds lend themselves to the comparison.' with Cauris waved near kings as part of the royal insignia. The reading चामरशतैः corresponds to शतशः प्रयातैः पयोदैः, and has been preferred on that account to चामरवरैः ('excellent cauris'). उप+वीज्—10. U., to fan.

5. भिन्न–*See*. I. 11, II. 2. प्रचय–*m*. heap. बन्धूक–*m*., Name of a tree ; *n*., the flower of this tree (of a red colour. *Cf.* बन्धूककान्तिमधरेषु III. 25. Mār. दुपारी). The reading बन्धूकपुष्परचितारुणता means बन्धूकपुष्पैः रचिता संपादिता अरुणता redness यस्याः सा। But °रजसाऽरुणिता is preferred as it occurs again III. 8 वप्र *m*. and *n*., a field ('पुंनपुंसकयोर्वप्रः केदारः क्षेत्रम्' Ak. II. 9. 11). पक्व°–this reading is preferred to चारुकमलावृत° as being more suitable and appropriate to the context. कलम—*m*., a variety of rice. कण्ठ्–with प्र and उद्, Caus., 'make anxious,' 'awaken longing in' कस्य मनो न प्रोत्कण्ठयन्ति–सर्वस्यैवेत्यर्थः।

---

1. रचितारुणता। बन्धूकपुष्पनिकरै रुचिरा।
2. चारुकमला। पक्वकलमाचित°।
3. भूरिभागाः। भूरिभागैः।
4. उत्कण्ठयन्ति।

मन्दानिलाकुलितचारु[1]तराग्रशाखः
पुष्पोद्गमप्रच[2]यकोमलपल्लवाग्रः।
मत्तद्विरेफपरिपीतमधुप्रसेक-
श्चित्तं विदारयति कस्य न कोविदारः।।6।।

मन्दानिलेति। मन्दानिलाकुलितचारुतराग्रशाखः मन्दानिलेन मृदुपवनेन आकुलितानि चलितानि चारुतराणि अग्राणि यासां तादृश्यः शाखा यस्य सः। पुष्पोद्गम-प्रचयकोमलपल्लवाग्रः पुष्पोद्गमस्य उद्गतपुष्पाणां प्रचयः समूहः येषु तादृशानि कोमलपल्लवाग्राणि यस्य सः। मत्तद्विरेफपरिपीतमधुप्रसेकः। मत्तद्विरेफैः मदान्वितभृङ्गैः परिपीतः मधुप्रसेकः मकरन्दच्युतिर्यस्य सः। प्रसेकः सेचने च्युताविति मेदिनी। कोविदारः कुद्दालः लोके 'काञ्चन' इति प्रसिद्धः वृक्षः। कस्य चित्तं न विदारयति। अपि तु सर्वस्य विदारयतीत्यर्थः।

Its branches having their very beautiful ends waving in the gentle breeze, with inumerable flowers blooming (on it), with its delicate ends of foliage, its flow of honey being sipped by intoxicated bees,—whose heart is not broken by the *kavidāra* tree?

तारागणप्रव[3]रभूषणमुद्वहन्ती
मेघा[4]वरोधपरिमुक्तशशाङ्कवक्त्रा।

---

6. मन्दानिला°–मन्दानिलेन आकुलितं (distressed, put out of order, distrubed) चारुतरं (*see* note at I. 18) अग्रं यासां ता मन्दा° ग्राः। एतादृश्यः शाखा यस्य। or, अग्रे भवाः शाखाः (the branches at the top) अग्रशाखाः। मन्दानिलाकुलिताः चारुतराश्च अग्रशाखाः यस्य। It may be noted that °चारुतरशाखाग्रः would have been a more natural compound. पुष्पोद्गम°–पुष्पोद्गमस्य प्रचयः (*see* III. 5) यस्मिन्। स चासौ कोमलपल्लवाग्रः (कोमानि पल्लवाग्राणि यस्य) व। मत्तद्विरेफ°–मत्तद्विरेफैः परिपीतः मधुः प्रसेकः (effusion, oozing, flow) यस्य। द्विरेफ–*m.* a bee (probably so called because it has two long रेफ-shaped hairs, one on each side of the mouth; popularly explained as having two रs in its common name भ्रमर). विदारयति–An unnecessarily strong expression, put in for alliteration's sake. कोविदार–*m.* Name of a tree (Mar. कांचन. Der. कुं भूमिं विदृणाति)।

7. तारागण°–तारागण एव प्रवरभूषणम्। प्रवर *adj.* 'excellent.' मेधावरोध°–मेघानां। (मेघकृतः) अवरोधः obstruction, impediment (to sight), दृष्ट्यवरोधकारिणो मेघा

---

1. चारुमनोज्ञ। चारुविशाल। सर्वमनोज्ञ।
2. प्रचुर प्रबलकोमलपल्लवाङ्गः।
3. प्रचुर।
4. मेघोपरोध।

ज्योत्स्नादुकूलममलं रजनी दधाना[1]
वृद्धिं प्रयात्यनुदिनं प्रमदेव बाला।।7।।

तारागणेति। तारागणप्रवरभूषणं तारागण एव प्रवरभूषणं श्रेष्ठाभरणं। पक्षे तारागण इव प्रवरभूषणम्। उद्वहन्ती धारयन्ती। मेघावरोधपरिमुक्तशशाङ्कवक्त्रा। मेघावरोधात् जलदोपरोधात् परिमुक्तः विमुक्तः शशाङ्क एव वक्त्रं यस्याः सा। पक्षे मेघावरोध-परिमुक्तशशाङ्क इव वक्त्रं यस्याःसा। अमलं विमलं। ज्योत्स्नादुकूलं ज्योत्स्ना चन्द्रिका एव दुकूलं क्षौमं पक्षे ज्योत्स्नेव दुकूलं। दधाना धारयन्ती। प्रमदा प्रकृष्टमदा। बाला इव। रजनी क्षपा अनुदिनं दिने दिने। वीप्सायामव्ययीभावः। वृद्धिं विस्तारं प्रयाति गच्छतीत्यर्थः।

Having the innumerable stars as fine ornaments (*having fine ornaments like the innumerable stars)*, having the moon, free from the obscuring clouds, for the face (*facing a face like the moon free from he obscuring clouds*), (and) moonshine for the clean (*i.e.*, bright) cloth (*clean cloth like moonshine)*, night becomes longer (*i.e.*, grows) daily, like a girl under the influence of passion.

कारण्डवा[2]ननविघट्टितवीचिमालाः
कादम्बसारसकुला[3]कुलाकुलतीरदेशाः।

इत्यर्थः, तेन परिमुक्तः यः शशाङ्कः स एव वक्त्रं यस्याः। ज्योत्स्ना॰–ज्योत्सना एव दुकूलम्। अनुदिनं–*avya.*comp. दिने दिने इति। प्रमदेव बाला–प्रकृष्टः मदो यस्याः तद्विधा बाला इव। बाला a girl of sixteen ('*cf.* बाला स्यात् षोडशाब्दा'). The night, which daily becomes longer in this season, is compared here to a growing young girl whose charms are developing every day. As at, I. 12. II. 1, III. 1, and III. 3, the adjectives can also be applied to बाला, with different renderings (तारागण इव प्रवर॰ ; °शशाङ्क इव वक्त्रं यस्याः, ज्योत्स्ना इव दुकूलं यस्याः)।

8. कारण्डवा॰–कारण्डवानां (a kind of duck described as काकतुण्डो दीर्घपादः कृष्णवर्णः) आननैः चञ्चुभिः विघट्टिता (*p.p.*, rubbed, struck, touched) वीचीनां मालाः (series) यासां ताः। कदम्बः *m.*, is a kind of goose (कलहंस). For सारस *see* note on I. 18. The reading °सारसकुलाकुल° is preferred to °सारसचयाकुल° for alliteration's sake. सरोरुह°–सरोरुहरजोभिः अरुणिताः। *Cf.* III. 5. तटिनी —*f.* a river (तटमस्या अस्तीति)।

---

1. वसाना।
2. कारेणुवैरभिविघट्टित। मारेणुवाहवाविघट्टित।
3. चयाकुल।

कुर्वन्ति हंसविरुतैः परितो जनस्य
प्रीतिं [1]सरोरुहरजोरुणितास्तटिन्यः ।। 8 ।।

कारण्डवेति। कारण्डवाननविघट्टितवीचिमालाः कारण्डवानां मद्गूनां 'पाणकोंबडे' इति प्रसिद्धानामाननैः चञ्चुभिः विघट्टिता विचालिता वीचिमाला ऊर्मिपरंपरा यासां ताः। कादम्बसारसकुलाकुलतीरदेशाः। कादम्बाः कलहंसाः सारसाः पुष्कराह्वास्तेषां कुलेन समूहेन आकुला व्याप्तास्तीरदेशास्तटप्रदेशा यासां ताः। सरोरुहरजोरुणिताः सरोरुहाणां सरसिजानां रजोभिः परागैः अरुणिताः कपिलीकृताः। 'अरुणोऽव्यक्तरागेऽर्के. . . निःशब्दे कपिले' इति मेदिनी। तटिन्यः नद्यः हंसविरुतैः परितः सर्वतः जनस्य प्रीतिं कुर्वन्ति।

Reddened by the pollen of lotuses, rivers everywhere gladden the people, with cries of swans, with (their) lines of waves touched by the beaks of *kāraṇḍavas*, (and) with the regions on (their) banks full of flocks of *kādamba* and *sārasa* birds.

नेत्रोत्सवो हृदयहारिमरीचिमा[2]लः
प्रह्ला[3]दकः शिशिरशीकरवारिवर्षी।
पत्युर्वियोगविषदिग्धशरक्षतानां
चन्द्रो दह[4]त्यतितरां तनुमङ्गनानाम् ।। 9 ।।

नेत्रोत्सव इति। नेत्रोत्सवः नेत्राणां नयनानामुत्सव आनन्दो यस्मात् सः। हृदयहारिमरीचिमालः हृदयहारिणी मरीचिमाला मयूखपरंपरा यस्य सः। प्रह्लादकः हर्षजनकः। शिशिरशीकरवारिवर्षी।। शिशिरं शीतं यत् शीकरवारि हिमोदकं तद् वर्षति तच्छीलः। चन्द्रः इन्दुः। पत्युः भर्तुः। वियागषिदिग्धशरक्षतानां वियोग एव विषदिग्धशरः गरलाक्तबाणस्तेन क्षताः विद्धाः तासाम्। सापेक्षत्वेऽपि गमकत्वात् समासः। अङ्गनानां योषितां। तनुं देहं। अतितरां दहति। विरहिणीनां चन्द्रः तापदो भवतीति प्रसिद्धम्।

The moon, the Joy of the eyes, whose pencil of rays captivatives the hearts, the great Delighter, showering water whose spray is cool, excessively parches the body of women, wounded by the poision-coated arrow of the separation from their husbands.

9. हृदय॰–हृदयहारिणी मरीचिमाला यस्य। प्रह्लादकः–प्रकर्षेण ह्लादकः शिशिर॰–शिशिरः

1. सरोरुहरजोरुणिताश्च नद्यः। परां कमलोणुवृतास्तटिन्यः। मनोज्ञकमलारुणिताश्च नद्यः।
2. गौरैः।
3. प्रह्लादयन् शिशिरशीकरवारिवर्षैः।
4. अनुदिनम्। रुजत्यनुदिनम्।

आकम्पयन्फलभरानतशालिजाला[1]-
न्यानर्तयंस्त[2]रुवरान्कुसुमावचम्रान्।
उत्फु[3]ल्लपङ्कजवनां नलिनीं विधुन्व-
न्यूनां मनश्च[4]लयति प्रसभं नभस्वान्।। 10।।

आकम्पयन्निति। फलभरानतशालिजालानि फलभरेण आनतानि विनम्राणि शालिजालानि शालिमुदायान्। आकम्पयन्। कुसुमावनम्रान् कुसुमैः पुष्पैरवनम्रान् तरुवरान्। तरुश्रेष्ठान्। आनर्तयन्। उत्फुल्लपङ्कजवनां उत्फुल्लानि विकचानि पङ्कजवनानि कमलसमूहा यस्यास्ताम्। नलिनीं कमलिनीं। विधुन्वन् विशेषेण कम्पयन्। नभस्वान् पवनः। यूनां तरुणानां मनः। प्रसभं बलात्कारेण। चलयति कम्पयति। घटादित्वेन मित्वाद्धस्वः। यद्वा चलं करोति। 'तत्करोति तदाचष्टे' इति णिच्। विवेकविधुरं करोतीत्यर्थः।

The breeze is forcibly unsettling the minds of young men, as it is shaking the rows of *śāli* corn bent with a heavy crop, is tossing fine trees hanging down with flowers, (and) is waving the lotus-plant with a number of lotuses blooming on it.

---

cool शीकरः यस्य, एतादृक् वारि, तद्वर्षतीति; 'who is (as it were) the showerer of' etc.; *'as it were,'* because there is no actual pouring of water, but you feel as cool as if there was. पत्युर्वियोग°–is what is called a सापेक्षसमास; पत्युर्वियोग एव विषदिग्धः शरः तेन क्षताः (wounded, pierced) तासाम्. दिग्ध 'smeared' 'covered.' चन्द्रो दहति–although it is नेत्रोत्सवः हृदय° etc., still, because the women are पत्युर्वियोगविषदिग्धशरक्षत, it bcomes rather an eyesore and a दाहक। *Cf.* Śak. III.3.

10. **आकम्पयन्**–note that the root कम्प् is always Par. in the Casual. शालि–*See* verse 1. जाल–*n.* a collection (*cf.* जालक–I. 19). The reading °जालान् is incorrect as जाल is not *mas.* in this sense. उत्फुल्ल°–उत्फुल्लं पङ्कजवनं यस्यां ताम्। उत्फुल्ल is *p.p.* of फल् with उद् by a special Vārtika on Pāṇ. VIII. 2. 55. वनं–समूहे; 'वनं काननीरयोः। समूहे; मङ्ख 451. नलिनी–*see* II. 14. चलयति–Makes चल. It disturbs animate things as well as inanimate. प्रसभं—*See* II. 4. नभस्वान्–*see* II. 26

---

1. जालम्। जालान्।
2. तरुवरान्। कुरबकान्।
3. प्रोत्फुल्ल। प्रोत्फुल्लपङ्कजवतीम्।
4. सबलयति। मदयति।

सोन्मादहंसमिथुनैरुपशोभितानि
स्व[1]च्छप्रफुल्लकमलोत्पलभूषितानि।
[2]मन्दप्रभातप[3]वनोद्‌गतवीचिमाला-
न्युत्कण्ठ[4]यन्ति सह[5]सा हृदयं सरांसि।।11।।

सोन्मादेति। सोन्मादहंसमिथुनैः सोन्मादानां मदोन्मत्तानां हंसानां मिथुनैः द्वन्द्वैः। उपशोभितानि अलंकृतानि। स्वच्छप्रफुल्लकमलोत्पलभूषितानि। स्वच्छानि विमलानि प्रफुल्लानि च यानि कमलानि पद्मानि उत्पलानि कुवलयानि च तैर्भूषितानि। मन्दप्रभातपवनोद्‌गतवीचिमालानि। मन्देन प्रभातपवनेन प्राभातिकवायुना उद्‌गता वीचिमाला येषां तानि। सरांसि। वियुक्तानामिति शेषः। हृदयं। सहसा अतर्कितं। उत्कण्ठयन्ति उत्सुकयन्ति।

The lakes all at once make the heart yearn, looking lovely with infatuated pairs of swans, (and) adorned with bright, blooming white and blue lotuses, (and) with lines of waves produced (in them) by the soft morning breezes.

नष्टं धनुर्बलभिदो जलदोदरेषु[6]
सौदमिनी स्फुरति [7]नाद्य वियत्पताका।

---

11. स्वच्छ°–*cf.* विमलोत्पल II. 15. प्रफुल्ल is derived from प्र+फुल्ल 1. P. to burst open+ (पचादि) अच् affix. प्रफुल्लीतीति प्रफुल्लम्। कमल and उत्पल–One of the words would be supperfluous, unless we understand उत्पल in the restricted sense of a *blue* lotus and कमल of a *white* lotus.

12. बलभिद्–Name of इन्द्र, who killed the demon बल. तस्य धनुः *See* II. 4. जलदोदरेषु नष्टं—'is lost in their interiors (being visible no longer)'. It is also possible to construe जलदोदरेषु with सौदामनी न स्फुरति. सौदामनी–(from सुदामन् a cloud सुदाम्नि मेघे भवा) lightning स्फुर्–*see* I.26. वियत्पताका–वियति पताकेव *see* II. 1. बलाक– *m.* and *f.* (°का), a kind of crane (Mar. बालढोंक, बगळा) to be seen in a cloudy sky during the rainy season. *Cf.* Megh. I. 10, and गर्जद्भिः सतडिब्दलाकशंबलैर्मेघैः सशल्यं मनः Mṛch. V. I8 बलाकिनी नीलपयोदराजी Kum. VII. 39.

---

1. स्वच्छानिचारु स्वच्छातिफुल्ल।
2. मन्दं प्रभात। मन्दप्रचार। मन्दप्रवाह।
3. पवनोद्धत।
4. उत्कम्पयन्ति।
5. प्रसभे हृदयम्। हृदयं सहसा।
6. जलदोदकेषु।
7. नापि।

धुन्वन्ति पक्षपवनैर्न नभो बलाकाः
पश्यन्ति नोन्न[1]तमुखा गगनं मयूराः ।। 12 ।।

नष्टमिति। अद्य अस्यां शरदि बलभिदः शक्रस्य। धनुः जलदोदरेषु मेघकुक्षिषु नष्टं तिरोहितम्। वियत्पताका। वियतो नभसः पताकेव वैजयन्तीव पताका। सौदमिनी विद्युत्। न स्फुरति न विद्योतते। 'तेनैकदिक्' इति सूत्रेण सौदामनीति शब्दः साधुः। बलाकाः बिसकण्ठिकाः। पक्षपवनैः पतत्रवातैः। नभ आकाशं । न धुन्वन्ति न बीजयन्तीति यावत्। मयूराः कलापिनः। उन्नतमुखाः उद्ग्रीवाः सन्तः। गगनं अन्तरिक्षं न पश्यन्ति। सजलमेघानामभावादिति भावः।

To-day the bow of Indra is lost in the interiors of clouds; the banner in the heavens, *viz.* lightning does not shine ; cranes do not stir the sky with the wind of their wings ; (and) peacocks do no look at the sky with uplifted necks.

नृत्यप्रयोगरहिताञ्शिखिनो विहाय
हंसानुपैति मदनो मधुरप्र[2]गीतान्।
मुक्त[3]वा कदम्बकुटजार्जुनस[4]र्जनीपा-
न्सप्तच्छदानुपगता कसमोद्ग[5]मश्रीः ।। 13 ।।

नृत्यप्रयोगेति। मदनः। नृत्यप्रयोगरहितान् नर्तनव्यापाररहितान्। शिखिनः मयूरान्। विहाय। मधुरप्रगीतान् मधुरं प्रगीतं कूजितं येषां तान्। हंसान्। उपैति प्राप्नोति। शरदि हंसानां मदातिरेकात्। उक्तं च अस्यां शरदि 'सत्पक्षा मधुरगिरः प्रसाधिताशा मदोद्धतारम्भाः। निपतन्ति धार्तराष्ट्राः' इति वेणी° अं° 1। कुसुमोद्गमश्रीः पुष्पोद्भवशोभा। कदम्बकुटजार्जुनसर्जनीपान् कदम्बः प्रियकः 'नीपप्रियककदम्बास्तु' इत्यमरः। कुटजः भाषायां 'कुडा' इति प्रसिद्धः। अर्जुनः ककुभः। सर्जः सालवृक्षः। नीपः बन्धूकः। 'नीपः कदम्बबन्धूक' इति मेदिनी। तान्। मुक्त्वा। सप्तच्छदान् सप्तपर्णान्। उपगता प्राप्ता। एतत्समानार्थकौ श्लोकौ 'समय एव करोति बलाबलं प्रणिगदन्त इतीव शरीरिणाम्। शरदि हंसरवाः परुषीकृतस्वरमयूरमयू रमणीयताम्' शिशु° 6-44। तनुरुहाणि पुरो विजितध्वनेः धवलपक्षविहङ्गमकूजितैः। जगलुरक्षमयेव शिखण्डिनः परिभवोऽरिभवो हि सुदुःसहः। शिशु° 6-45।

The god of love leaves peacocks, who have abandoned the exhibition of dancing, and betakes (himself) to swans who are warbling sweetly ; the beauty of the blooming of flowers leaves the *kadamba, kutaja, arjuna, sarja* and *nīpa* trees, and goes to *saptacchadas*.

13. प्रयोग–Exhibition. मधुर°–मधुरं प्रगीताः, तान्। प्रगीत 'singing (*p.p.* used in

1. चौन्नतमुखा। नोद्गतमुखा। नोद्धतमुखा।
2. प्रतीतान्।
3. त्वक्त्वा।
4. नीपवृक्षान्।
5. द्गतश्रीः।

शेफालिकाकुसुमगन्ध[1]मनोहराणि
स्वस्थ[2]स्थिताण्डजकुल[3]प्रतिना[4]दितानि।
पर्यन्तसंस्थितमृगीनयनोत्पलानि
प्रोत्कण्ठयन्त्युपवनानि मनांसि पुंसीम्[5] ।। 14 ।।

शेफालिकेति। शेफालिकाकुसुमगन्धमनोहराणि। शेफालिकायाः निर्गुण्ड्याः कुसुमानां गन्धेन मनोहराणि। स्वस्थस्थिताण्डजकुलप्रतिनादितानि। स्वस्थं निरुपद्रवं यथा तथा स्थितानामण्डजानां पक्षिणां कुलैः समूहैः प्रतिनादितानि शब्दितानि। पर्यन्तसंस्थितमृगीनयनोत्पलानि। पर्यन्तसंस्थितानां मृगीणां नयनान्येवोत्पलानि येषु तानि। उपवनानि कृत्रिमवनानि। पुंसां मनांसि। उत्कण्ठयन्ति उत्सुकयन्ति।

The minds of people are caused to yearn by groves charming with the fragrance of *śephālikā* flowers, resonant with the cries of flocks of birds sitting in peace, (and) having the lotus-like eyes of female deer seated on the margins.

---

an active sense. *Cf.* अमी मधुकरोत्तंसा प्रगीता इव पादपाः Rāma. IV. 1. 20) ; another way of explaining the compound would be : मधुरं प्रगीतं (गानं) येषां तान्। For a similar idea *Cf.* शरदि हंसरवा परुषीकृतस्वरमयूरमयूरमणीयताम् Śiś. VI. 44. कदम्ब°–*see* II. 17. कुटज–Name of a tree (Mar. कुडा), blossoming in the rain season. *Cf.* 'उन्मीलत्कुटजप्रहासिषु' etc. Mal. M. IX. 15. नीप–is the same as कदम्ब, and we can only justify its separate mention by taking it to mean a particular variety of कदम्ब (*cf.* सीमन्ते च त्वदुपगमजं यत्र नीपं वधूनाम् Megh. II. 2), or नीलाशोक (*cf.* 'नीपः कदम्बन्धूकनीलाशोकद्रुमेष्वपि' इति मेदिनी). The sense बन्धूक will not do, because बन्धूक flowers are common in this season (verse 5). सप्तच्छद–*see* III. 2. कुसुमोद्गमश्रीः–'the beautiful appearance of the trees consequent on the blooming of flowers on them.'

14. **शेफालिका**–Name of a shrub (Mar. राननिगड) having *white* flowers स्वस्थ–since no no one distrubs them. अण्डज–*see* III 3. प्रतिनादित– (*p.p.* of the Causual of नद् with प्रति to resound) 'filled with sounds.' पर्यन्त°–(*Cf.* notes on III. 3) पर्यन्ते संस्थितानां मृगीणां नयनोत्पलानि येषु। The propriety of this epithet will be apparent from the note on III. 9 उपवन–*see* III. 2.

---

1. राग।
2. शाखास्थित। कच्छस्थित। सुस्थस्थित। स्वच्छस्थित।
3. गण।
4. प्रतिवादितानि।
5. यूनाम्।

कह्लारपद्मकुमुदा[1]नि मुहु[2]र्विधुन्वं-
स्तत्संगमादधिकशीतलतामुपेतः[3]।
उत्कण्ठयत्यतितरा[4] पवनः प्रभाते
पत्रान्तलग्नतुहिना[5]म्बुविधूयमानः ।।15।।

कह्लारेति। कह्लारपद्मकुमुदानि। सौगन्धिकनलिनकैरवाणि। मुहुः पुनः पुनः। विधुन्वन् कम्पयन्। तत्संगमात् तेषां कह्लारादीनां संगमात् संश्लेषात्। अधिकशीतलतां प्रचुरशीततां। उपेतः प्राप्तः। कह्लारादीनां पवनशीततासंपादकत्वं। अस्मिन्सर्गे 22 श्लोके 'कुमुदसङ्गाद्वायवो वान्ति शीताः' इत्यत्राप्युक्तम्। प्रभाते प्रातःकाले। तरूणां। पत्रान्तलग्नतुहिनानि पत्रान्तेषु पर्णप्रान्तेषु लग्नानि सक्तानि तुहिनानि हिमानि। हरन्। पवनः। अतितरां अत्यन्तं। उत्कण्ठयति।

Shaking frequenly the *kahlāras, padmas* and *kumudas* (and) becoming cooler at their contact, he morning breeze makes one long exceedingly, wafting the watery dew (-drops) lying on the ends of leaves.

संपन्नशालिनिचयावृतभूतलानि
स्व[6]स्थस्थितप्रचुरगोकुलशोभितानि।

---

15. कह्लार–*n.*, a red lotus ; पद्म a kind of lotus which opens at sunrise ; कुमुद a *white* lotus, opening at moonrise. तत्संगमात्–either (1) तेषां संगमात्, or (2) स चासौ संगमस्व तस्मात्. For अधिकशीतलतामुपेतः *cf.* śloka 22. 1.2. For तुहिनाम्बुविधूयुमानः read तुहिनानि हरंस्तरूणाम्। °विधूयमानः *v. l.* being passive the compound should be dissolved as पत्रान्तेषु (ends) लग्नं तुहिनस्याम्बु तुहिनाम्बु विधूयमानं येन सः। तुहिन–*n.* the morning dew (Mar. दव); तुहिनाम्बु. *Cf.* IV. 7., तृणाग्रलग्नैस्तुहिनैः पतद्भिः.

16. संपन्न–'rish' (*i.e.* abounding with grain) शालि–*see* III. 1. For स्वस्थस्थित and प्रतिनादितानि *see* III. 14. सारस–a variety of हंस; *cf.* notes on I. 19 and 'हंसश्च सारसगणैश्च विलुप्तपूर्वः' Mṛch. I. 9. सीमान्तराणि–with the usual sense of सीमा (or °मन्) we may explain either as सीमाया अन्तराणि the boundary-regions, (अन्तर in the sense of space, part (अवकाश) ; note on II. 20) ; or as अन्या सीमा सीमान्तरं तानि 'different, various, boundaries. 'But the best way is to take सीमा (or °मन्) in the sense of क्षेत्र 'a field' ; *cf.* अथाग्रे सीमानः परिणतशरच्छालिसुभगाः quoted

---

1. कुसुमानि।
2. मुदा।
3. उपेत्य।
4. सौत्कां करोति वनिताम्। सोत्काः करोति वनिताः। सोत्कं करोति हृदयम्।
5. तुहिनाम्बुविधूयमानः–विधूननेन। तुहिनानि वनद्रुमाणाम्।
6. सुस्थ। सुष्ट।

हंसैः ससा[1]रसकुलैः प्रतिनादितानि
सीमान्तराणि जनयन्ति [2]नृणां प्रमोदम् ।।16।।

संपन्नेति। संपन्नशालिनिचयावृतभूतलानि संपन्नेन फलपूर्णेन शालिनिचयेन कलमसमूहेन। 'शालयः कलमाद्याश्च' इत्यमरः। आवृतानि आच्छादितानि भूतलानि येषु तानि। स्वस्थयस्थितप्रचुरगोकुलशोभितानि। स्वस्थस्थितैः प्रचुरैर्बहुभिः गोकुलैः गोवृन्दैः शोभितानि। ससारसकुलैः सारसकुलसहितैः। हंसैः। प्रतिनादितानि। सीमान्तराणि क्षेत्रान्तराणि 'सीमा घाटस्थिते क्षेत्रेषु' इति मेदिनी। नृणां। प्रमोदं। जनयन्ति।

Men are delighted by the numerous fields, wherein he ground is covered by lines of rich rice (-crops), which are charming with many herds of cows lying undisturbed, (and) which are resonant with swans and flocks of cranes.

हंसैर्जिता सुललिता गतिरङ्गनाना-
मम्भोरुहैर्विकसितैर्मुखचन्द्रकान्तिः।

---

by Maṅkha on सीमन्, and सीमाः पक्व-फलाः on सीमा. The word occurs again at IV. 8 and 18 ; and in a similar context (पक्कलमावृतभूमिभागाः) we have वप्र 'a field' before (III. 5).

17. Construe : हंसैर्गतिर्जिता। अम्भोरुहैः °कान्तिर्जिता। नीलोत्पलैर्विलोचनानि जितानि। तरङ्गैर्भ्रूविभ्रमा जिताः। The predicate जित is made to agree in number and gender with the nearest subject गतिः (*see* Apte's *Guide,* § 136, and § 22). Note that ordinarily when describing the गति, मुखकान्ति, विलोचने and भ्रूविभ्रमाः of women they are usually said to surpass these objects in Nautre ; but now in discribing the season the poet takes a view the reverse of that. जिता गतिः–the gait of the swans is often compared to that of a woman. *Cf.* 'मदखेलपदं कथं नु तस्याः सकलं चोर गतं त्वया गृहीतम्' Vikr. IV. 16. मुखचद्रकान्ति–मुखं चन्द्र इव। तस्य कान्तिः। नीलोत्पलैः–Regarding the dark-blue colour of the glances of a woman, *see* Meg. I. 51; Verse 24 in this Canto; Vik. IV. 31. मदकलानि–मदेन कलानि (charming) मनोहराणि। विलोचनानि–this reading is better than विलोकितानि as the comparison of lotuses to eyes in more natural than that to glances. तनु–*adj.*, small. तरङ्ग–*m.*, a wave. The ripples spreading circlarly on water are very often compared to the eye-brows ; *cf.* तरङ्गभ्रूभङ्गा Vik. IV. 28 ; सभ्रूभङ्गं मुखमिव पयो वेत्रवतश्चलोर्मि Megha. I. 24. नदीवीचिषु भ्रूविलासान् Megh. II. 44.

---

1. च सारस।
2. जनप्रमोदम्।

नीलोत्पलैर्मदक[1]लानि वि[2]लोचनानि
भ्रूविभ्रमाश्च [3]रुचिरास्तनुभिस्तरङ्गैः ।।17।।

हंसैरिति। हंसैः। अङ्गनानां प्रशस्तान्यङ्गानि यासां तासां। अङ्गात्कल्याणे इति मत्वर्थीयो न प्रत्ययः। सुललिता अतिसुन्दरा। गतिः। जिता। विकसितैः प्रफुल्लैः। अम्भोरुहैः कमलैः। मुखचद्रकान्तिं 'जिता' इत्यत्राप्यनुवर्तते। नीलोत्पलैः नीलकमलैः। मदकलानि मदेन कलानि। विलोचनानि जितानीति लिङ्गवचनविपरिणामेनान्वयः। तनुभिः तरङ्गैः रुचिराः भ्रूविभ्रमाः जिताः इति लिङ्गवचनविपारंगामः। एतत्समानार्थकं पद्यम् 'उत्पश्यामि प्रतनुषु नदीवीचिषु भ्रूविलासान्' इति । मेघ॰ श्लोक 109।

The swans have conquered the very beautiful gait of women ; the lilies in bloom have surpassed the beauty of (their) moonlike faces ; the blue lotuses have put to shame (their) impassioned, lovely glances ; and the small wavelets have excelled the charming movements of (their) eye-brows.

श्यामा लताः कुसुमभारनतप्रवालाः
स्त्रीणां हरन्ति [4]धृतभूषणबाहुकान्तिम्।

---

18. The idea of verse 17 is carried further in this verse. श्यामा–Name of a creeper (प्रियङ्ग; Mar.वाघांटी). This creeper is often compared to the body of women. *cf.* 'श्यामास्वङ्ग' Megh. II. 44 ; also IV. 10 ; and especially 'कृत्वाश्यामाविटपसदृशं स्रस्तमुक्तं द्वितीयं (हस्तं)' Mālavi. II. 6. प्रवाल–*m. n.* a shoot, sprout, twig. स्त्रीणां धृतभूषणबाहुकान्तिम्–is a सापेक्षसमास (*cf.* note on verse 9). The flowers correspond to the ornaments, the twings to the arms and the creepers to the ladies. दन्तावभास°–दन्तानां अवभासः (lustre, splendour) तेन विशदं (शुक्लं white) यत्स्मितं तदेव चन्द्रकान्तिः (moonlight) ताम्। कङ्केलि°–कङ्केलिपुष्पैः रुचिरा 'beautiful with (*i.e.,* in company with) the flowers of the *Aśoka* tree'. कङ्केलि–Name of the अशोक tree. *Cf.* 'जं कङ्केलितरुणो दोहलअं' etc. Viddha. IV. Ed. Arte, P. 121. नवमालती च–Supply हरति. For मालती *see* II. 24. The ideas is that मालतीपुष्पs (white), in company with अशोकपुष्पs (red), excel the reddish brillance of smiles.

---

1. चलानि।
2. विलोकितानि।
3. सरिताः।
4. भृत। बहु।

[1]दन्तावभासविशदस्मितचन्द्रका[2]न्तिं
क[3]ङ्केलिपुष्परु[4]चिरा नव[5]मालती च ।। 18 ।।

श्यामा इति। कुसुमभारनतप्रवाला: कुसुमभारेण नतानि नम्राणि प्रवालानि किसलयानि यासां ता:। श्यामा: लता: प्रियङ्गुलता:। स्त्रीणां। धृतभूषणबाहुकान्तिं धृतानि भूषणानि येषु तादृशानां बाहूनां कान्तिं हरन्ति। प्रियङ्गुलताया गौरत्वात्कुसुमप्रवालानामनेकवर्णत्वात्तत्साम्यम्। उक्तं च उपमायों रसगङ्गाधरे। 'आलिङ्गितो जलधिकन्यकया सलीलं लग्न: प्रियङ्गुलतयेव तरुस्तमाल:।' इति। कङ्केलिपुष्परुचिरा अशोकवृक्षस्य पुष्पै: रुचिरा शोभना नवमालती नूतनमालतीपुष्पं। च दन्तावभासविशदस्मित चन्द्रकान्तिं दन्तावभासेन दन्ताकन्त्या विशदं शुभ्रं स्मितं चन्द्र इव तस्य कान्तिं। हरति इति वचनविपरिणामेन सम्बन्ध:।

The *śyāmā* creepers, whose shoots are bent with (their) flowery burden, excel the beauty of a woman's arm decked with ornaments and the new *mālatī* flower, beautiful (in company) with that of the *Kaṅkeli* tree, surpasses the moonlight in the form of the smiles, bright on account of the lustre of the teeth.

केशान्नितान्तघननीलविकु[6]ञ्चिताग्रा-
नापूरयन्ति वनिता नवमालतीभि:।
कर्णेषु च [7]प्रवरकाञ्चनकुण्ड[8]लेषु
नीलोत्पलानि विवि[9]धानि निवेशय[10]न्ति ।। 19 ।।

केशानिति। वनिता: स्त्रिय:। नितान्तघननीलविकुञ्चिताग्रान्। नितान्तं घना निबिडा: नीला: कृष्णवर्णा: विकुञ्चिताग्रा: कुटिलाग्राश्च तान्। केशान्। नवमालतीभि: नूतनमालतीपुष्पै:। आपूरयन्ति संयोजयन्ति। प्रवरकाञ्चनकुण्डलेषु प्रवराणि श्रेष्ठानि काञ्चनकुण्डलानि सुवर्णकुण्डलानि येषु तेषु। कर्णेषु च विविधानि नीलोत्पलानि। निवेशयन्ति स्थापयन्ति।

Women fill with fresh *mālatī* flowers (their) hair, very thick and dark (and) with curly ends, and (they) place various (kinds of) blue lotuses in (their) ears having excellent golden ear-rings.

---

19. **नितान्त°**–घनाश्च नीलाश्च घननीला:। नितान्तं घमनीला: नितान्तघननीला:। ते च विकुञ्चिताग्राश्च नितान्त°ताग्रा:। विकुञ्चित–Contracted, curled. आपूरयन्ति–from the root

1. दन्ते विभास। दन्तावसक्त।
2. वस्त्रकान्तिम्। वक्त्रकान्तिम्।
3. बन्धूक। साशोक।
4. रचिता।
5. नवमालिका। नवमालतीव। नवमालिकेन।
6. निकुञ्चि।
7. प्रचुर। प्रबल। प्रचल।
8. कुङ्मलेषु।
9. रुचिराणि। विकचानि।
10. निवेशयन्ते।

हारैः सचन्दनरसैः स्तनमण्डलानि
श्रोणीतटं सुविपुलं रसनाकलापैः।
[1]पादाम्बुजानि [2]कलनूपुरशेखरैश्च
नार्यः प्रहृ[3]ष्टमनसोऽद्य विभूषयन्ति।। 20।।

हारैरिति। प्रहृष्टमनसः प्रमुदितान्तःकरणाः। नार्यः। अद्य अस्यां शरदि। सचन्दनरसैः चन्दनरससहितैः। हारैः। स्तनमण्डलानि। रसनाकलापैः काञ्चीभूषणैः। 'कलापो भूषणे बर्हे' इत्यमरः। सुविपुलं सुविस्तृतं। श्रोणीतटं नितम्बबिम्बं। कलनूपुरशेखरैः मधुराव्यक्तशब्दवद्भिर्मञ्जजीरश्रेष्ठैश्च। शेखरशब्दस्य श्रेष्ठार्थकत्वं। अत्रैव 1-6 श्लोकेऽपि। पादाम्बुजानि। 'विभूषयन्ति' इति सर्वत्र संबध्यते।

To-day glad-hearted ladies decorate their round breasts with pearl-necklaces and with sandal-paste, (their) broad and ample hips with girdle-bands, (and their) lotus-like feet with excellent, sweet-sounding anklets.

स्फुटकुमुदचितानां राजहंसाश्रितानां[4]
मरकतमणिभासा वारिणा भूषिता[5]नाम्।

पूर् (10th conj.) to fill, with आ. Mr. Ayyar remarks : 'In Southern India women sometimes cover the whole of the hair with flowers, as with a cap.' *Cf.* यूथिकाशबलकेशी Vik. IV. 24. *See* V. 8. मालती–*See* II. 24. °कुण्डलेषु is simpler thatn the other reading कुड्मलेषु. With it कुड्मल must be interpreted to mean a kind of ornament shapped like a bud (Mar. कुर्डी)।

20. रसनाकलापैः–*see* III. 3. कल–'Sweet-sounding'. शेखर–(at the end of compounds) 'the best of'. *Cf.* notes on I. 6.

21. स्फुट–*adj.*, expanded, full-blown. राजहंसाश्रितानाम्–is a simpler compound than the other reading राजहंसस्थितानाम् ; for dissolution see com. मरकत–*n.* an emerald (Mar. पाच; it is of a blue-green colour). श्रियं etc.—The कुमुदs (*white* lotuses) and राजहंसs correspond to the moon and stars, and the emerald-coloured sheet of water to the expanse of the heavens. अतिशयरूपां–अतिशयं (excelling) रूपं यस्यास्ताम्, *i.e.*, magnificent, very excellent. तोयाशयः 'a lake' (आशयः resting place, receptacle; *cf.* पयसां आशयः Kir. II. 3).

---

1. पादाम्बुजम्।
2. वर। कनकनूपुर। घनकनिर्मितनूपुरैश्च।
3. प्रसन्न मनतः प्रविभूषयन्ते।
4. राजहंसस्थितानाम्।
5. आपूरितानाम्।

श्रियमतिशयरूपां व्योम तोयाशयानां
वहति विगतमेघं चन्द्रतारावकीर्णम् ।। 21 ।।

स्फुटेति। विगतमेघं विगताः मेघा यस्मात्तत्। चन्द्रतारावकीर्णम् चन्द्रश्च ताराः नक्षत्राणि च ताभिः अवकीर्णं व्याप्तं। व्योम गगनं । स्फुटकुमुदचितानां स्फुटैः फुल्लैः कुमुदैः चितानां। राजहंसाश्रितानां राजहंसैः आश्रितानां अधिष्ठितानां। 'राजहंसस्थितानां' इति पाठे स्थिता राजहंसा येषु तेषां इति विग्रहः। वाहिताग्न्यादित्वात्परनिपातः। मरकतमणिभासा मरकतां मणेः हरिन्मणेर्भा इव भाः यस्य मेन। वारिणा जलेन। भूषितानां। तोयाशयानजलाशयानां। अतिशयरूपां अतिसुन्दरां। 'रूपं स्वभावे सौन्दर्ये' इति मेदिनी। श्रियं शोभां। वहति।

The sky, from which clouds have disappeared and which is strewn with the moon and stars, has he magnificent beauty of lakes, full of blooming lotuses, where the royal swans are sitting, (and) which are adorned with water having the sheen of *marakata* gems (emeralds).

[1]शरदि [2]कुमुदस[3]ङ्गाद्वायवो वा[4]न्ति शीता
विग[5]तजलदवृन्दा दिग्विभागा मनोज्ञाः।
विगतकलुषमम्भः श्यानपङ्का धरित्री
विमलकिरणचन्द्रं व्योम ताराविचित्रम् ।। 22 ।।

शरदीति। शरदि। कुमुदसंगात्। वायवः। शीताः। वान्ति वहन्ति। विगजतलदवृन्दाः विगता जलदवृन्दा मेघसमूहा येभ्यः ते। दिग्विभागाः। मनोज्ञाः दृश्यन्ते इति शेषः। अम्भः जलं। विगतकलुषं कलुषमिति भावप्रधानो निर्देशः। धरित्री पृथ्वी। श्यानपङ्का श्यान शुष्कः पङ्को यस्यां तादृशी। विमलकिरणचन्द्रं विमलाः किरणा यस्य तादृशश्चन्द्रो यस्मिंस्तत् । व्योम गगनं। ताराविचित्रं। ताराभिः नक्षत्रैः विचित्रं 'भवति' इति वाक्यत्रितयेऽपि संबध्यते।

In the autumn the breezes blow cool, owing to the contact with lotuses ; the quarters are beautiful since the masses of clouds have disappeared ; the water has lost its turbidity ; the earth has the mud dried up ; he sky has the clear-rayed moon, and is beautiful with the stars.

---

22. Construe : विगतजलदवृन्दा दिग्विभागा मनोज्ञाः सन्ति। अम्भः विगतकलुषं वर्तते। धरित्री श्यानपङ्का भवति। व्योम च विमल° तारा° तिष्ठति। दिग्विभागाः–quarters, directions.

---

1. सुरभि।
2. कुसुम।
3. तौयात्।
4. यान्ति।
5. विशद। व्यपगतलवन्दा दिव्यरूपाश्च मेघाः।

दिवसकरमयूखैर्बोध्यमानं प्रभाते
वरयुवतिमुखाभं पङ्कजं [1]जृम्भतेऽद्य।
कुमु[2]दमपि गतेऽस्तं लीय[3]ते चन्द्र[4]बिम्बे
हसितमिव वधूनां प्रोषितेषु प्रियेषु।। 23।।

दिवसकरेति। अद्य अस्यां शरदि प्रभाते प्रातःकाले दिवसकरमयूखैः सूर्यकिरणैः। बोध्यमानं विकाश्यमानं। वरयुवतिमुखाभं वरयुवतिमुखस्याभेवाभा यस्य तत्। पङ्कजं कमलं। जृम्भते विकसति। प्रियेषु प्रोषितेषु देशान्तरं गतेषु। वधूनां कामिनीनां हसितमिव हास्यमिव चन्द्रबिम्बे। अस्तं। गते। कुमुदमपि। लीयते संकुचति।

Being opened in the morning by the rays of the sun, the *paṅkaja* lotus is to-day expanding, looking like the face of a charming woman ; also, the *kumuda* lotus is shut when the lunar orb sets, as the smiles of women vanish when their lovers are away.

असितनयनल[5]क्ष्मीं लक्षयित्वोत्पलेषु
क्वणितकनकाञ्चीं मत्तहंस[6]स्वनेषु।

विगत°–विगतं कलुषं (dirt, mud) यस्य। श्यान *p.p.* of श्यै I. A. to congeal, to become hard. *Cf.* 'आश्यानकर्दमान् पथः' Ragh. IV. 24. विमल°–on account of the removal of the obstruction of clouds.

23. दिवसकरः–'the maker of the day'—the Sun. बुध्–4 A. Caus. 'to awaken;' to cause to bloom. पङ्कज *n.* the lotus which opens at sunrise °जृम्भ् 1. A. 'to expand' °कुमुदमपि etc.– Construe : कुमुदमपि चन्द्रबिम्बेऽस्तं गते लीयते, यथा प्रियेषु प्रोषितेषु (सत्सु) वधूनां हसितं लीयते। कुमुद–*n.* the lotus which opens at moon-rise. ली–4.A. to melt, to disappear ; *cf.* विलीनपद्मः IV. 1.

24. असित 'not white, *i.e.*, dark. *See* note on नीलोत्पलैः verse 17. उत्पल–is blue (*see* notes to III. 11). काञ्ची–strictly speaking it is काञ्चीस्वन that is seen in मत्तहंसस्वनः *cf.* note on चरणैः हंसरुतानुकाक्त्ररिभिः I. 5 and on मर्दल II. 1. अधर°–अधरस्य रुचिरा (bright) शोभा ताम्. रुचिर is derived from रुच्–I. A. 'to shine.' बन्धुजीव–is the same as बन्धूक (verse 5), a red flower ; hence its resemblance to the *red*

---

1. शुष्कपङ्का। शालिपक्त्रा।
2. कुमुदमुपगतश्रीर्ग्लापिते।
3. म्लायते।
4. चन्द्रबिम्बम्।
5. कान्तिम्।
6. हंसी।

अधररुचिरशोभां बन्धुजीवे प्रिया[1]णां
पथिकजन इदानीं रोदिति भ्रा[2]न्तचित्तः ।। 24 ।।

असितेति। इदानीं अस्यां शरदि। पथिकजनः अध्वगजनः। प्रियाणां प्रेयसीनां। असितनयनलक्ष्मीं असितानां श्यामलानां नयनानां लक्ष्मीं शोभां। उत्पलेषु। नीलकमलेषु क्वणितकनकाञ्चीं क्वणिता शब्दायमाना च सा कनककाञ्ची च तां लक्षणया कनककाञ्चीक्वणितमित्यर्थः। मत्तहंसस्वनेषु। अधररुचिरशोभां अधरस्य रुचिरशोभां। बन्धुजीवे बन्धूकपुष्पे। लक्षयित्वा दृष्ट्वा। भ्रान्तचित्तः सन् रोदिति।

Now travellers are crying, their minds bewildered by seeing in (blue) lotuses the beauty of the dark eyes of their beloveds, (their) jingling golden girdle in the sounds of infatuated swans, (and) the bright loveliness of (their) lower lip in the *bandhujīva* flowers.

स्त्रीणां विहाय[3] वदनेषु शशाङ्क[4]लक्ष्मीं
काम्यं[5] च हंसवचनं मणिनूपुरेषु।
बन्धूककान्ति[6]मधरेषु मनोहरेषु
क्वापि प्रयाति सुभगा शरदागमश्रीः ।। 25 ।।

स्त्रीणामिति। सुभगा रमणीया। शरदागमश्रीः शरत्कालागमशोभा। शशाङ्कलक्ष्मीं चन्द्रशोभां स्त्रीणां वदनेषु मुखेषु। काम्यं कमनीयं। हंसवचनं हंसविरुतं। मणिनूपुरेषु बन्धूककान्ति बन्धुजीवकुसुमशोभां मनोहरेषु अधरेषु विहाय त्यक्त्वा स्थापयित्वेति यावत्। क्वापि अज्ञेयस्थानमित्यर्थः प्रयाति गच्छति।

The lovely beauty of the advent of autumn is departing somewhere, leaving the splendour of the moon in the faces of women and the attractive cry of the swan in (their) jewelled anklets, (and) the lustre of the *bandhūka* flowers in their graceful lower lips.

---

lip ; *cf.* बन्धुजीवमधुराधरपल्लवमुल्लसितस्मितशोभम् Gīt. II. ; *see* also the next verse. भ्रान्तचित्तः–Probably because they feared their wives were lost and their beauty severally distributed ; *cf.* नवेषु लोध्र प्रसवेषु कान्तिदृशः कुरङ्गेषु मतंगजेषु। लतासु नम्रत्वमिति प्रमथ्य व्यक्तं विभक्ता विपिने प्रियामे ।। Mal. Mād. IX. 27.

25. काम्यं 'attractive,' 'agreable.' The reading कामं indec. meaning

---

1. प्रियायाः।
2. भ्रान्तचेताः।
3. निधाय। विधाय।
4. लक्ष्मीः।
5. कामं तु। हास्ये विशुद्धवदने कुमुदाकरश्रीम्। हास्ये° श्रीः।
6. पुष्प।

विकचकमलवक्त्रा फुल्लनीलोत्पलाक्षी
विक[1]सितनवकाशश्वेतवासो वसाना।
कुमुदरुचिर[2]कान्तिः कामिनी[3]वोन्मदेयं
[4]प्रतिदिशतु शरद्वश्चेतसः[5] प्रीतिमग्र्याम्[6] ।।26।।

विकचेति। विकचकमलवक्त्रा विकचं फुलं कमलेव वक्त्रं यस्याः सा। पक्षे विकचकममिव वक्त्रं यस्याः सा। फुलनीलोत्पलाक्षी फुल्लनीलोत्पले एव नेत्रे अक्षिणी यस्याः सा। पक्षे फुल्लनीलोत्पले इव अक्षिणी यस्याः सा। विकसितनवकाशश्वेतवासः विकसितानि फुल्लानि नवकाशानि नूतनकाशपुष्पाणि एव श्वेतवासः श्वेतवस्त्रं पक्षे विकसित नवकाशानीव श्वेतवासः। वसाना दधाना। कुमुदरुचिरकान्तिः कुमुदान्येव रुचिरकान्तिः यस्याः कुमदानीव रुचिरकान्तिः यस्या सा शरत्। उन्मदा उत्कटमदा कामिनीव। चेतसः चित्तस्य अग्र्यां। श्रेष्ठां प्रीतिं। दिशतु ददातु।

इति बालबोधिनीटीकासहितस्य ऋतुसंहारस्य काव्यस्य
शरद्वर्णनं नाम तृतीयः सर्गः।।

May this autumn grant your heart the highest pleasure! —the autumn which, like a lady, is full of delights (*is impassioned*), has the blooming lily for the face (*has a face like a blooming lily*), has expanded blue lotuses for the eyes (*has eyes like expanded blue lotuses*), wears the opened new *kāśa* flowers for the white garment (*wears a garment white like the opened new kāśa flowers*), (and) has a beauty made attractive by *kumudas* (*has a beauty attractive like kumudas*).

'forsooth, indeed' impling some unwillingess (अकामानुमति) or 'fully' should have been preferred. मणिनूपुरेषु–*see* notes I. 5. बन्धूक–see III. 5, and III. 24, *cf.* बन्धूकद्युतिबान्धोऽयमधरः Gīt. X.

26. In this verse autumn is compared to a कामिनी and the descriptive adjectives are applicable to both. *See* Com.फुल्ल is *p.p.* of फल् I.P. 'to burst open'. For काश *see* verse 1, and notes thereon. विकसित°–(2) विकसितनवकाशमिव श्वेतं वासः कुमुद°–(1) कुमुदैः रुचिरा कान्तिर्यस्याः (2) कुमुदानामिव रुचिरा कान्तिर्यस्याः उन्मदा–(1) उद्गतः मदः joy यस्याम् (2) उद्गतः मदः passion यस्याः। प्रतिदिश् means the same as दिश् in II. 28. अग्र्य–*adj.* 'excellent'.

---

1. विकसितनवकाशासंकुलालम्बिवस्त्रा। कुसुमितनवकाशा व्याकुलाम्बिवासा। कुसुमिततकशाखाव्याकुलालीम्बवासा।
2. जनितरुचिरहासा। जनितरुचिरकान्तिः।
3. चोन्मदेयम्। चौन्मदान्धा।
4. उपदिशतु परिदिशतु।
5. चेतसाम्। चेतसि।
6. उग्राम्।

CANTO IV

चतुर्थः सर्गः

A Description of Winter Season

क्रमप्राप्तं हेमन्तवर्णनमाह–

नव[1]प्रवालोद्गमसस्य[2]रम्यः
प्रफुल्ललोध्रः परिपाक्वशालिः।
वि[3]लोनपद्मः प्रपतत्तुषारो
हेमन्तकालः समुपागतोऽय[4]म्।। 1।।

नवेति। नवप्रवालोद्गमसस्यरम्यः नवप्रवालानां नूतनकिसलायानां उद्गमः उत्पत्तिः, सस्यानि च, तैः रम्यः। प्रफुल्लोध्रः प्रफुल्लाः लोध्राः तन्नामकवृक्षाः यस्मिन् सः। परिपक्वशालिः परिपक्वाः परिणताः शालयः यस्मिन् सः। विलीनपद्मः विलीनानि नष्यानि पद्मानि यस्मिन् सः। प्रपतत्तुषारः प्रपतन् तुषारः हिमं यस्मिन् सः। अयम्। हेमन्तकालः। समुपागतः।

Here comes the cold season which is charming with crops and the appearance of new sprouts, in which he *lodhra* tree flowers, corn ripens, lotuses perish, (and) snow falls.

1. नवप्रवालो°–नवप्रवालानामुद्गमः, सस्यामि च, तैः रम्यः। For प्रवाल *see* III. 18 प्रफुल्ल—*See* note on III. 11. लोध्र–Name of a tree with *red* flowers (rarer variety ot it has *white* flowers) ; *cf.* Misc. 10. शालि–*See* note on III. 1. विलीपनद्मः–विलीन disappeared, perished (*cf.* कुमुदं लीयते III. 23). Lutuses do not bloom in this season. *Cf.* हिमसेकविपत्तिरत्र मे नलिनी पूर्वनिदर्शनं मता Rag. VIII. 45 ; शिशिरमथितां पद्मिनीं Megh. II. 22. तुषार–*m.* Snow, frost, dew ; *cf.* विनिपतिततुषारः verse 18. हेमन्तः 'the cold season,' the months of मार्गशीर्ष and पौष, corresponding roughly to those of December and January.

1. यव।
2. पुष्प।
3. गतासुपद्म। नवीनपद्म।
4. प्रिये।

[1]मनोहरैश्चन्दनरा[2]गगौरै-
स्तुषारकुन्देन्दुनिभैश्च हारैः।
विलासिनीनां स्त[3]नशालिनीनां
[4]नीलंक्रियन्ते स्तनमण्डलानि।। 2।।

मनोहरैरिति। स्तनशालिनीनाम्। स्तनैः शालन्ते शोभन्ते ताः स्तनशालिन्यः तासाम्। विलासिनीनाम्। स्तनमण्डलानि। मनोहरैः सुन्दरैः। चन्दनरागगौरैः चन्दनरागेण गौरैः श्वेतैः। तुषारकुन्देन्दुनिभैः तुषाराश्च कुन्दानि च इन्दुश्च तैः निभाः तुल्याः तैः हारैः च। न अलंक्रियन्ते। सखीजनैरिति शेषः। तदानीं शैत्यबाहुल्यादिति भावः।

The round bosoms of ladies with beautiful breasts are not (now) decked by the charming pearl-strings (which are) white with the colour of sandal-paste, and which resemble snow, *kunda* flowers, and the moon.

न बाहुयुग्मेषु विलासिनीनां
प्रयान्ति सङ्ग वलयाङ्गदानि।

2. गौर–White, चन्दनस्य रागः colour तेन गौरैः, They were moistened with sandal-paste (*cf.* हारैः सचन्दनरसैः III. 20) तुषारकुन्देदुनिभैः–All these are white, which is also the colour of the हारs. कुन्द is the name of a creeper with *white* flowers. *Cf.* 'या कुन्देन्दुतुषारहारधवला' (सरस्वतीस्तोत्र) ; and VI. 23 ; Misc. 8. स्तनशालिनीनाम्–स्तनाभ्यां शालन्ते इति तासाम्. शालिन् at the end of a compound means 'full of' 'possessed of' 'distinguished for'. नालंक्रियन्ते–This is preferable to the other reading अलंक्रियन्ते (without न). In the first place, cool decorations like हारs are not needed in this season, but rather in निदाघ (I.6, 8) and शरत् (III. 20, हारैः सचन्दनरसैः स्तमण्डलानि etc.) [In the light of the passages just quoted, we read चन्दनरागौरैः in the place of कुङ्कुमरागरक्तैः ('dyed with the colour of saffron' कुङ्कुम–. 'saffron,' which is thrown over the हारs for fragrance and beauty), as being nore suited]. Again, the admission of न makes the śloka harmonize with the next two in structure. It may be noted also that with अलंक्रियन्ते there would be a break in the continuity of metre, for while the Ślokas 1 to 12 are उपजातिs, without न this Śloka alone among them would be an उपेन्द्रवज्रा.

3. बाहुयुग्मेषु–*lit.* 'on their pairs of arms. सङ्गं न प्रयान्ति–The cold is so

1. मनोरमैः।
2. कुङ्कुमरागपिङ्गै°– पिञ्जरे।
3. नवयौवनानाम्।
4. अलंक्रियन्ते।

नितम्बबिम्बेषु नवं दुकूलं
तन्वंशुकं पीनपयोधरेषु ।। 3 ।।

नेति । विलासिनीनाम् । बाहुयुग्मेषु भुजयुगेषु । वलयाङ्गदानि वलायानि कङ्कणानि अङ्गदानि केयूगणि च । सङ्गं न प्रयान्ति । तदानीं शीतस्पर्शासहत्वादिति भावः । नितम्बबिम्बेषु । नवम् दुकूलम् । पीनयोधरेषु तनु सूक्ष्मं अंशुकम् च सङ्गं न प्रयातीति वचनविपरिणामेन प्रत्येकं सम्बन्धः । दुकूलादीनां शीतत्वेन तन्वंशुकस्य शैत्यनिवारकत्वाभावेन च तयोरधारणमिति भावः ।

Bracelets and armlets do not (now) come in contact with ladies' arms ; neither (does) the new silk-cloth with (their) round hips, not the fine cloth with (their) full breasts.

काञ्चीगुणैः काञ्चनरत्न[1]चि[2]त्रै-
[3]र्नो भूषयन्ति प्रमदा नितम्बान्[4] ।
न नूपुरैर्हंसरुतं भजद्भिः
पादा[5]म्बुजान्यम्बुजकान्तिभा[6]ञ्जि ।। 4 ।।

काञ्चीगुणैरिति । प्रमदाः स्त्रियः । काञ्चनरत्नचित्रैः काञ्चनं सुवर्णं रत्नानि च तैः चित्रैः । काञ्चीगुणैः काञ्चीनां रसनानां गुणैः रज्जुभिः । नितम्बान् नो भूषयन्ति नालंकुर्वन्ति । हंसरुतं हंसस्वनम् । भजद्भिः सेवमानैः । नूपुरैः । अम्बुजकान्तिभाञ्जि अम्बुजानां कमलानां कान्ति शोभां भजन्ति तानि । पादाम्बुजानि चरणसरोजानि च । न । भूषयन्तीत्यनुषज्यते ।

Women do not (now) adorn their hips with waist-bands variegated with gold and gems ; neither their lotus-like the having the beauty of lotuses, with anklets having a sound like that a swans.

---

extreme that these ornaments cannot be worn. The ornaments themselves become very cool, so that their very touch gives a shudder, and hence they are not worn. Similarly, if they wore too fine clothes they would have no protection from the cold. वलयाङ्गदानि–वलयानि bracelets अङ्गदानि armlets च तानि: *cf.* VI. वलयs are generally worn on the fore-arm (प्रकोष्ठ *see* Megh. I.2) and अङ्गदs on the upper part of the arm. तनु अंशुकम् *See* I. 7.

4. काञ्चीगुणैः–काञ्च्याःगुणः *lit.*, the band of the girdle (*cf.* रसनाकलाप III. 3), *i.e.*, the girdle itself चित्र–variegated with. नो–*ind.* (compounded of न and उ,

---

1. रक्त ।
2. बिम्बैः ।
3. न ।
4. नितम्बम् ।
5. पादाम्बुजालक्तकशोभितानि ।
6. भान्ति ।

गात्राणि कालीयकचर्चितानि
सपत्रलेखानि मुखाम्बु[1]जानि।
शिरांसि कालागुरुधूपितानि
[2]कुर्वन्ति नार्यः सुरतोत्सवाय।। 5।।

गात्राणीति। नार्यः। सुरतोत्सवाय। गात्राणि। कालीयकचर्चितानि कालीयकेन कुङ्कुमेन चर्चितानि लिप्तानि। उक्तं च 'कालीयकक्षोदविलेपनश्रियं' शिशु॰ 12-14। मुखाम्बुजानि। सपत्रलेखानि पत्ररचनासहितानि 'कस्तूरीमकरीः पयोधरयुगे गण्डद्वये च श्रियः' प्रसन्नराधवम् अ॰ 1 श्लोक 1 शिरांसि च कालागुरुधूपितानि कुर्वन्ति।

For the festivity of sexual union, women rub (their) limbs with sandal-paste, draw leafy lines on (their) lotus-like faces, (and) perfume (their) heads with the incense of black *aguru.*

रतिश्रमक्षा[3]मविपाण्डुवक्त्राः।
[4]संप्राप्तहर्षाभ्युदयास्तरुण्यः।

---

and originally meaning 'and not'), 'not' नितम्बान्–is chosen in preference to नितम्बम् for the sake of symmetry. Since पादाम्बुजानि in the next half is in the *plural.* हंसरुतं भजद्–'having हंसरुत. *see* note on I. 5. अम्बुज॰–अम्बुजकान्तिं भजन्ते तानि. The epithet is redundant since the comparison is already conveyed in पादाम्बुजानि।

कालीयक–is a kind of fragrant wood (like sandal) ; it may also mean 'saffron' (*cf.* Śiś. XII. 14. 'कालीयं कुङ्कुमं विदुः इति शाश्वतः), although since the word is used at VI. 12 alongwith कुङ्कुम the poet seems to have used it in the sense of 'saffron. The word is also written as कालेय and कालेयक. *Cf.* आश्यानकालेय कृताङ्गरागम् Kum. VII. 9. पत्रलेखा *f.* —A decoration consisting of lines drawn on the face (and also often on other parts of the body) with musk and other fragrant substances. *Cf.* VI. 7 पत्रलेखेषु etc. and च्युतपत्रलेखः Rag. XII. 67 ; विपत्रलेखा निरलक्तकाधराः Kir. VIII. 40. कालागुरुधूपितानि–कालागुरुणा (*see* II. 21) धूपितानि perfumed with (the smoke of) burning Kālāguru. The धूप is for the hair, which it dries as well as perfumes. The practice of using धूप for the hair is very ancient. *Cf.* V. 12. अगुरुसुरभिधूपमोदितं केशपाशं ; also केशसंस्कारधूपैः Megh. I. 36 ; धूपोष्मणा त्याजितमार्द्रभावं केशान्तं Kum. VII. 14; स्नानार्द्रमुक्तेष्वनुधूपवासं (केशेषु) Ragh. XVI. 50. धूप was also used to fumigate houses (V.5) and to perfume garments (VI. 13) सुरतोत्सवाय–सुरतमेवोत्सवः तस्मै।

6. संप्राप्त॰–संप्राप्तः हर्षकारी अभ्युदयः याभिः ताः। If they happened to hear good news they would ordinarily laugh loudly ; in doing so, however,

---

1. नखाम्बुजानि।
2. भवन्ति।
3. क्लान्तविपाण्डुगण्डाः।
4. प्राप्तेऽपि हर्षाभ्युदये। प्राप्तातिहर्षाभ्युदये।

हसन्ति[1] नोच्चैर्दशनाग्रभिन्ना-

न्प्र[2]पीड्यमानानधरानवेक्ष्य ।।6।।

रतिश्रमेति। रतिश्रमक्षामविपाण्डुवक्त्राः रतिश्रमेण क्षामाणि कृशानि विपाण्डूनि च वक्त्राणि यासां ताः। तरुण्यः। संप्राप्तहर्षाभ्युदयाः सत्योऽपि दशनाग्रभिन्नान्। दशनाग्रैः दन्तशिखरैः भिन्नान् विदीर्णान्। अत एव प्रपीड्यमानान्। अधरान्। अवेक्ष्य अवलोक्य। विचार्येति यावत्। उच्चैः। न। हसन्ति। सत्यपि हास्यकारणे हास्ये कृते अतीवाधरपीडा भविष्यतीति विचार्य हास्यं न कुर्वन्तीत्यर्थः।

Their faces vary pale and worn by the fatigue of sexual enjoyment, young ladies who (may) have obtained gladsome prosperity do not laugh aloud, seeing that the lower lips pain, being wounded with the ends of teeth.

पीनस्तनोरः[3] स्थलभाग[4]शोभा-

मासाद्य तत्पीडनजातखेदः।

तृणाग्र[5]लग्नैस्तुहिनैः पतद्भि-

राक्रन्दतीवोषसि शीतकालः ।। 7 ।।

पीनेति। पीनस्तनोरःस्थलभागशोभाम्। पीनौ स्तनौ यस्मिन् तादृशस्य उरःस्थलभागस्य वक्षःस्थलप्रदेशस्य शोभाम्। स्वेन संपादितामिति शेषः। हेमन्तस्य सर्वप्राणिपुष्टिकारणत्वादिति भावः। आसाद्य अनुभूयेत्यर्थः। तत्पीडनजातखेदः तत्पीडनेन नायककृतेनेति भावः। जातखेदः शीतकालः। उषसि। पतद्भिः। तृणाग्रलग्नैः तृणशिखरसक्तैः। तुहिनैः हिमबिन्दुभिः। आक्रन्दतीव आक्रोशतीव।

Having seen the beauty of the region of the bosom possossed of plump breasts (and) being distressed at their having been squeezed, the cold season is weeping as it were in the morning, by the falling dew sticking at the ends of grass.

---

they would have to stretch their mouths and then the दन्तक्षतs on their lips (*cf.* रतिश्रम° and IV. 12) would give them pain; hence, they only *smile.* The pain is felt more acutely on account of the bitter cold. *Cf.* भृशमदूयत याऽधरपल्लवक्षतिरनावरणा हिममारुतैः Śiś. VI. 58. दशनाः–the teeth.

7. **पीनस्तनोरः°**–पीनौ स्तनौ यत्र तादृशः यः उरःस्थलभागः तस्य शोभाम्। °शोभामासाद्य–

---

1. नीचैः।
2. प्रभिन्नरागान्। अव्यक्तरागान्।
3. °नीरुस्थल।
4. भार।
5. लम्बैः।

प्र[1]भूतशालिप्रस[2]वैश्चितानि
मृगाङ्गनायूथविभूषिता[3]नि।
मनोहरक्रौञ्चनिनादितानि
सीमान्तराण्युत्सुकयन्ति चेतः ।। ८ ।।

प्रभूतेति। प्रभूतशालिप्रसवैः प्रभूतैः प्रचुरैः शालिप्रसवैः शालिफलैः। चितानि व्याप्तानि। मृगाङ्गनायूथविभूषितानि मृगाङ्गनानां हरिणीनां यूथैः समूहैः विभूषितानि। मनोहरक्रौञ्चनिनादितानि मनोहरैः क्रौञ्चैः निनादितानि शब्दितानि च। सीमान्तराणि ग्रमसीमाबहिःस्थानानि। ग्रामसीम्नि शाल्यादीनामसंभवात्। 'अन्तरम्. . . छिद्रात्मीयविनाबहिरवसरमध्यात्मसदृशेषु' इति मेदिनी। 'अन्तरा गृहाः। बाह्या इत्यर्थः' इति सिद्धान्तकौमुद्याम्। चेतः उत्सुकयन्ति।

The numerous fields excite the minds, full (as they are) of rich-crops, decked with flocks of female deer, (and) noisy with graceful *krauñca* birds.

[4]प्रफुल्लनीलोत्पलशोभि[5]तानि
सोन्मा[6]दकादम्बविभूषितानि।

'having met with, come across, seen the beauty of' etc. पीडन–by their lovers. The season was sorry that they were pressed hard on account of its cold. तृणाग्रलग्नैः–वृणाग्रेषु लग्नैः. *Cf.* पत्रान्तलग्नतुहिनाम्बु° III. 15. तुहिन *n.* the morning dew (*cf.* III. 15). The dew-drops resemble the tears shed in crying. आक्रन्दति–in sympathy.

8. **प्रभूतशालि°**–*Cf.* परिपक्वशालिः śloka 1. प्रसव in the sense of 'fruit' (फल); the meaning 'young shoot' will not do here since the शालि is ripe (śloka 1). चित–means व्याप्त (1.7, 28 etc.) मृगाङ्गना°–*cf.* III. 14. क्रौञ्च–Name of a bird (Mar. कुरकुंचा). सीमान्तराणि– 'Numerous fields'. *See* notes on III. 16. *Cf.* also śloka 18. उत्सुकय्–Demon fr. उत्सुक. *Cf.* उत्सुकयति यौवनं चेतः Māl. V. 4.

9. प्रफुल्ल–*see* note on III. 11. कादम्ब–*see* note on III. 8.

---

1. प्रसूति।
2. प्रचयैः।
3. विलासितानि।
4. प्रभूत।
5. भूषितानि।
6. सहंसकादम्बशरारिकदम्ब। शरादिकादम्बविघट्टितानि।

[1]प्रसन्नतोयानि सु[2]शीतलानि
सरांसि चेतांसि हरन्ति पुंसा[3]म्।। 9।।

प्रफुल्लेति। प्रफुल्लनीलोत्पलशोभितानि। सोन्मादकादम्बविभूषितानि। सोन्मादैः समदैः कादम्बैः कलहंसैः विभूषितानि अलंकृतानि। प्रसन्नतोयानि स्वच्छोदकानि। सुशीतलानि। च सरांसि। पुंसाम्। चेतांसि। हरन्ति।

Made beautiful by full-blown blue lotuses, adorned with infatuated *kādamba* birds having clear water, (and) being very cool, the lakes attract the minds of men.

पाकं व्रजन्ती हिमजा[4]तशीतै–
राधूयमाना सततं मरुद्भिः
प्रिये प्रियङ्गुः प्रियविप्रयुक्ता
विपाण्डुतां याति विलासिनीव।। 10।।

कश्चिनायकः स्वप्रियां वक्ति–पाकमिति। हे प्रिये! पाकं पक्वतां व्रजन्ती गच्छन्ती। हिमजातशीतैः तुहिनसमूहशीतलैः। मरुद्भिः पवनैः। सततम्। आधूयमाना आकम्पिता प्रियङ्गुः लताविशेषः। प्रियविप्रयुक्ता प्रियेण कान्तेन विप्रयुक्ता वियुक्ता। विलासिनीव कामिनीव । विपाण्डुतां याति।

Becoming ripe, (and) constantly being shaken by winds which have become cold on account of the snow, the *priyaṅgu* creeper, dear, becomes pale like a young lady separated from (her) lover.

पुष्पा[5]सवामोद[6]सुगन्धिवक्त्रो
निःश्वासवातैः सुरभीकृताङ्गः[7]।

10. **पाक**–*m.* the conditions of being ripe; *cf.* पाकारुणस्फुटितदाडिमकान्ति वक्त्रम् Māl. Mād. IX. 31.पाकभिन्नशरकाण्डगौरयोः ; Kum. VIII. 74. हिमजातशीतैः–हिम *n.* snow (*Cf.* हिमं न सौभाग्यविलोपि जातम् Kum. I. 3) तेन जातं शीतं येषां तैः मरुद्भिः। or हिमस्य जातेन (*n.* a mass) शीतैः शीतलैः। प्रिये–voc. sing. (as at I. 1). **प्रियङ्गुः** Name of a creeper, also called श्यामा (III. 18; Mar. वाघांटी). Note the alliteration in प्रिये प्रियङ्गुः प्रियविप्रयुक्ता।

11. **पुष्पासव**–आसव *m.* any spirituous liquor ; पुष्पासव liquor prepared

1. प्रफुल्ल।
2. सशक्लानि।
3. यूनाम्।
4. पातशीतैः। शीतपातैः। सङ्गशीतैः।
5. रत्युत्सवामोद।
6. आमोदि।
7. कृतान्तः।

परस्पराङ्गव्यतिष[1]ङ्गशायी
शेते जनः कामरसा[2]नुविद्धः ।। 11 ।।

पुष्पासवेति। पुष्पासवामोदसुगन्धिवक्त्रः पुष्पासवस्य आमोदेन सुगन्धि वक्त्रं यस्य सः। निःश्वासवातैः नायिकानिः श्वासमारुतैः। सुरभीकृताङ्गः सुरभीकृतं अङ्गं यस्य सः। कामरसानुविद्धः मदनरसपूर्णः। जनः। परस्पराङ्गव्यतिषङ्गशायी परस्परयोः अन्योन्ययोः अङ्गव्यतिषङ्गः अङ्गसंश्लेषः यस्मिन्कर्मणि यथा तथा शेते तच्छीलः सन्। शेते स्वपिति।

(Their) mouths redolent of the odour of floral liquor, (their) limbs perfumed by (their) breath-winds, (and) overcome by the sentiment of Love, people sleep so as to have each other's bodies in close contact.

दन्तच्छदैः [3]सव्रणदन्तचिह्नैः
स्तनैश्च [4]पाण्यग्रकृताभिलेखैः।

---

from the honey of flowers; *cf.* V. 5. पुष्पासवामोद°–This reading gives a more direct compound and also avoids a partial repetition of sense in °आमोदिसुगन्धि°. For सुगन्धि *see* note on II. 18. व्यतिषङ्ग–'close contact' *cf.* for this sense आघ्रायि वान्गन्धवहः सुगन्धस्तेनारविन्दव्यतिषङ्गवांश्च। Bhaṭṭi. II. 10. The reading व्यतिरिक्त (व्यतिरेकङ्ग 'exclusion') gives a sense quite opposite of what is required ; it should reather be परस्पराङ्गाव्यतिरिक्तशायी. Some read व्यतिषक्त, but, व्यतिषङ्ग is chosen for the sake of alliteration. अनुविद्धः–'full of'. *Cf.* स्नेहरसानुविद्धं भावं Kum. III. 35 ; and मलयपवनविद्धः Misc. 14.

12. दन्तच्छदैः–*m*, (*lit.* 'what covers the teeth') lips. दन्ताः छाद्यन्ते अनेन; दन्त+छद्+अ (घ) ; the penultimate of छद् 10th Conj. is shortened before the aff. घ (अ) when not preceded by two or more prepositions; similarly प्रच्छदः, but अनुपच्छादः; or छद्यन्ते अनेन इति छदः; दन्तानां छदः; the aff. घ (अ) is added to a root the word formed is a name and is of the *Mas.* gender. *See* Pāṇ. III. 3. 118; VI.4.96. सव्रणदन्तचिह्नैः–सव्रणानि दन्तचिह्नानि येषु तैः। पाण्यग्र°–पाण्यग्रैः ('tips of the hand', *i.e.* nails) कृतः अभिलेखः (scratching) येषु तैः। रतोपभोगः–is simpler than the other reading रतोपयोगः।

---

1. व्यक्तिसक्त। प्रतिभिन्नदेहः।
2. शरानुविद्धः।
3. दन्तविघाताचिह्नैः।
4. पानैः सुरताभिलाषैः।

संसूच्यते निर्दयमङ्गनानां
रतो[1]पभोगोनवयौवनानाम्॥ 12॥

दन्तच्छदैरिति। सव्रणदन्तचिह्नैः। व्रणेन क्षतेन सहितानि दन्तचिह्नानि येषु तैः। दन्तच्छदैः अधरैः। पाण्यग्रकृताभिलेखैः पाण्यग्रैः नखरैः कृतः अभिलेखः व्रणचिह्नं येषु तैः। स्तनैः च। नवयौवनानाम्। तरुणीनाम्। निर्दयम् निष्करुणं। रतोपभोगः। सुरतोपभोगः संसूच्यते सम्यग्बोध्यते।

The pitiless enjoyment in sexual union of ladies just come into youth is indicated by (their) lips having wounds of tooth-marks and by (their) beasts bearing the scratches made by nails.

काचिद्विभूषयति दर्पणस[2]क्ताहस्ता
बाला[3]तपेषु वनिता वदनारविन्दम्।
दन्तच्छदं प्रिय[4]तमेन निपीतसारं
दन्ताग्रभिन्नम[5]वकृष्य निरीक्षते च[6]॥ 13॥

काचिदिति। दर्पणसक्तहस्ता दर्पणे आदर्शे सक्तः हस्तः यस्याः सा। काचित् अनिर्दिष्टनाम्नी। वनिता। बालातपेषु। उपविष्टा सतीति शेषः। वदनारविन्दम् मुखकमलम्। विभूषयति। तिलकादिना अलंकरोति। प्रियतमेन रमणेन। निपीतसारम् निपीतः सारः स्थिरांशः यस्य तं। दन्तच्छदम् अधरोष्ठम्। अवकृष्य आकृष्य। निरीक्षते च विलोकयति च।

A certain lady with a mirror in hand is decorating (her) lotus-like face in the morning sun, and is pulling out (and) observing (her) lip whose essence is sipped by (her) lover and (which is) pierced by the ends of teeth.

---

13. बालातप–*m.* light of the morning sun. सार–*m.* the essence. For निपीतसारं compare पिबसि रतिसर्वस्वमधरं Śāk. I. 21. दन्ताग्राभिन्नं–दन्ताग्रैः भिन्नः wounded तम्. अवकृष्–to draw out.

---

1. रतोपयोगः।
2. युक्त।
3. बाला विलोलचिकुरं वदनारविन्दम्।
4. प्रियतमैश्च।
5. अपकृष्य। अनुकृष्य।
6. अन्या।

अन्या[1] प्रकामसुरतश्रमखिन्न[2]देहा
रा[3]त्रिप्रजागरविपाटलनेत्रप[4]द्मा ।
स्र[5]स्तांसदेशलु[6]लिताकुलकेशपाशा
निद्रां प्रया[7]ति मृदुसूर्यकरा[8]भितप्ता ।। 14 ।।

अन्या इति । प्रकामसुरतश्रमखिन्नदेहा प्रकामं यथेष्टं यत् सुरतं तस्य श्रमेण खिन्नः देहः यस्याः सा । रात्रिप्रजागरविपाटलनेत्रपद्मा रात्रौ यः प्रजागरः निद्राक्षयः तेन विपाटले आरक्तं नेत्रपद्मे यस्याः सा । स्रस्तांसदेशलुलिताकुलकेशपाशा स्रस्ते श्रमेण गलिते अंसदेशे भुजशिरसि लुलितः लुठितः आकुलो व्यस्तः केशपाशः केशकलापः यस्या सा । अन्या । मृदुसूर्यकराभितप्ता मृदुभिः कोमलैः सूर्यकरैः सूर्यकिरणैः । अभितप्ता सती निद्राम् । प्रयाति ।

Another, basking in the soft rays of the sun, falls asleep, her body wearied with the exhaustion of great sexual enjoyment, her lotus-like eyes very much reddened by lying awake at night, her shoulders drooping, and her abundant hair waving and disordered.

निर्माल्यदाम परिभुक्त[9]मनोज्ञग[10]न्धं
मूर्ध्नोऽपनीय घननीलशिरोरुहान्ताः[11] ।

---

14. प्रकाम°–प्रकामं *ind.* (Very much) यत्सुरतं तस्य श्रमः etc. रात्रि°–रात्रौ यः प्रजागरः (जागरणं) wakefulness तेन विपाटले (विशेषेण रक्ते very red) नेत्रपद्मे यस्याः सा ।। स्रस्तांस°–स्रस्तांसदेशा (स्रस्तः असंदेशः यस्याः with drooping shoulder–regions) च लुलिताकुलकेशपाशा च (लुलितः waving, tremulous आकुलः disordered केशपाशः यस्याः) ; or स्रस्तांसदेशे लुलिताकुलकेशपाशः यस्याः । For केशपाश *see* notes II. 21, and *cf.* V. 12.

15. निर्माल्यदामन्–*n.* निर्माल्य (*adj.*) is *lit.* 'cast out from a garland (as a

---

1. अन्याः ।
2. भिन्न ।
3. नक्त । नक्तम् । रात्रि ।
4. पद्माः । युग्माः ।
5. शय्यान्तरेषु । स्कन्धाङ्गदेश ।
6. ललित ।
7. प्रयान्ति ।
8. अभितप्ताः । दिनाथकराभितप्ताः ।
9. परिभूत । परिमुक्त ।
10. गन्धान् ।
11. न्तान् ।

पीनोन्नतस्त[1]नभरानतगात्रयष्ट्यः
कुर्वन्ति केशरचनामपरा[2]स्तरुण्यः ।। 15 ।।

निर्माल्यति। घननीलशिरोरुहान्ताः घनाः सान्द्राः नीलाः कृष्णवर्णाश्च शिरोरुहान्ताः केशान्ताः यासां ताः। पीनोन्नतस्तनभरानतगात्रयष्ट्यः पीनोन्नतस्तनानां भरेण आनता ईषन्नम्रा गात्रयष्ट्यः यासां ताः। अपराः। तरुण्यः। परिभुक्तमनोज्ञगन्धम्। परिभुक्तः उपभुक्तः मनोज्ञः रुचिरः गन्धः यस्य तत्। निर्माल्यदाम निर्माल्यभूतां पुष्पस्रजम्। मूर्ध्नः। मस्तकात् अपनीय उद्धृत्य। केशरचनाम् केशप्रसाधनं। कुर्वन्ति।

Other ladies, with thick, black, long hair, (and) with (their) slender bodies stooping on account of the burden of (their) plump and lofty breasts, take off from the head a faded wreath whose sweet smell was enjoyed (by them), (and) arrange the hair (again).

अन्या प्रियेण परिभु[3]क्तमवेक्ष्य गात्रं
हर्षान्विता विरचिताधरचारु[4]शोभा।

---

flower),' being faded and therefore useless. *Cf.* परिमलरुचिराभिर्न्यक्कृतास्तु प्रभाते युवतिभिरुपभोगान्नीरुचः पुष्पमाला Śiś. XI. 27. दामन्–*n.* a wreath ; this was worn on the previous night. परिभुक्त–this reading is better than the other one परिमुक्त (परिमुक्तः given up, abandoned ; "no longer smelling sweetly"); *cf.* युवतिभिरुपभोगात् in the quotation from Śiś. above ; diss. परिभुक्तः मनोज्ञगन्धः यस्य तत्। घननील°–घनः नीलश्च शिरोरुहान्तः केशान्त– 'long hair hanging down' (Monier-Williams) यासां ताः। पीनो°–पीनोन्नतस्मनभरेण आनताः गात्रयष्ट्यः यासां ताः। for आनतगात्रयष्टी *see* notes on III. 1. The compound ought to have been °गात्रयष्टाकाः कुर्वन्ति–*scil.* पुनः, as the original केशरचना was spoiled overnight.

16. विरचिताधर°–विरचिता अधरस्य चारुशोभा यया. Probably she *paints* her lip to make it look red as before. कूर्पासक–*m.* a bodice (with short sleves, worn especially by women. Mar. चोळी). Der. कूर्परे आस्ते इति। पृषोदरादित्वात्साधुः। नखक्षताङ्गी–उरः स्थलादिष्वित्यर्थः। व्यालम्बिनील°–व्याम्बिनीलललितालका च कुञ्चिताक्षी च। अक्षि becomes अक्ष at the end of a *Bah.* comp. *See* Dr. Bhāṇḍārkar's *Second Book*, Lesson XX., Rule 9 (a).

---

1. पीनस्तनोल्लसितसुन्दरगात्रवल्लयः।
2. अवलाः।
3. प्रविभक्तम्।
4. रागशोभा। गण्डशोभा।

[1]कूर्पासकं परिदधाति [2]नखक्षताङ्गी
व्या[3]लम्बिनीलललितालककुञ्चिताक्षी ।। 16 ।।

अन्येति। प्रियेण परिभुक्तम्। गात्रम् देहं। अवेक्ष्य। हर्षान्विता सती। नखक्षताङ्गी नखैः क्षतानि अङ्गानि यस्याः सा। व्यालाम्बिनीललितालककुञ्चिताक्षी। व्यालम्बिनः दीर्घाः नीलाः कृष्णवर्णाः ललिताः मनोहराश्च अलकाः केशाः यस्याः। सा चासौ कुञ्चिताक्षी च। नखपतोपरि केशसंयोगेन कूर्पासकस्पर्शेन च वेदनानुभवादक्षिसंकोच इति भावः। अन्या। विरचिताधरचारुशोभा। विरचिता अलक्तकालेपेन संपादिता अधरे चारुः शोभा यया सा। कूर्पासकं चोलकं। परिदधाति धारयति।

Another, delighted at seeing (her) body enjoyed by (her) lover, her limbs pierced by (his) nails, her eyes contracted, (and) her beautiful dark hair hanging down, puts on (her) bodice after restoring the graceful beauty of (her) lower lip.

अन्याश्चिरं सुरतकेलिपरिश्रमेण
खे[4]दं गताः प्रशिथिलीकृतगात्रयष्ट्यः।
संहृष्य[5]माणपुल[6]कोरुपयोधरान्ता[7]
अभ्य[8]ञ्जनं विदधति प्रमदाः सुशोभाः[9] ।। 17 ।।

अन्याश्चिरमिति। अन्याः। सुशोभाः। प्रमदाः। चिरम् चिरकालम्। सुरतकेलि-परिश्रमेण संभोगक्रीडायासेन खेदम् गताः ग्लानिं प्राप्ताः। प्रशिथिलीकृतगात्रयष्ट्यः। संहृष्यमाणाः प्रादुर्भूताः पुलकाः रोमाञ्चाः येषु तादृशौ ऊरू पयोधरान्तौ कुचप्रान्तौः च यासां ताः। संहृष्यमाणपुलकोरुपयोधरान्ताः। अभ्यञ्जनं तैलाभ्यङ्गं विदधति कुर्वन्ति।

Other beautiful women, exhausted by the long (–continued) labour of playful sexual enjoyment, their slender bodies rendered quite languid (and) the regions of their thighs and breasts having the hair standing on end, are having a rubbing (of the body).

---

17. चिरं–governs केलि. प्रशिथिल–प्रकर्षेण शिथिल languid. For गात्रयष्टी *cf.* III. 1 and IV. 15. संहृष्माण°–संहृष्माणाः standing on and पुलकाः येषु एतादृशा ऊरवः (ऊरु *m.* the thigh) पयोधरान्ताः (अन्त in the sense of प्रदेश) च यासां ताः। संहृष्यमाण because

---

1. रक्तांशुकं।
2. नवं नताङ्गी।
3. व्यालम्बिताङ्गुलिलता। व्यालम्बिनी विलुलिता।
4. स्वेदं।
5. संपीड्यमान।
6. विपुलोरु।
7. पयोधरार्ताः।
8. प्रत्यञ्जनम्।
9. सुशोभम्।

बहुगुण[1]रमणीयो योषितां चित्तहारी
परिणतबहुशालिव्याकुलग्रामसीमा[2]।
विनि[3]पतिततुषारः क्रौञ्च[4]नादोपगीतः
प्रदिश[5]तु हिमयुक्तस्त्वेष[6] कालः सुखं वः ।।18।।

बहुगुणेति। बहुगुणरमणीयः बहुगुणैः रमणीयः योषिताम्। चित्तहारी चित्ताकर्षकः। परिणतबहुशालिव्याकुलग्रामसीमा परिणतैः बहुभिः शालिभिः व्याकुलाः ग्रामसीमानः यस्मिन् सः। सततं। अतिमनोज्ञः। विनिपतिततुषारः विनिपतितः तुषारः हिमं यस्मिन् सः। क्रौञ्चनादोपगीतः। क्रौञ्चनादेन उपगीतः। एषः हिमयुक्तः कालः हेमन्त इत्यर्थः। वः युष्माकं। सुखम्। प्रदिशतु ददातु।

इति बालबोधिनीटीकासहितस्य ऋतुसंहारकाव्य शरद्वर्णनं नाम चतुर्थः सर्गः ।।

May this cold season, charming by reason of its numerous excellence, the delighter of women's hearts, wherein he village-fields are full of rich, ripe rice, wherein snow falls, (and) which is musical with the cries of *krauñca* birds, grant you happiness.

---

of the exposure to cold, necessary in अभ्यञ्जन. अभ्यञ्जन–*n.* rubbing the body with unctuous substances etc., previous to bathing.

18. **बहुगुण°**–*Cf.* II. 28 °सीमा–*See* notes on III. 16. The reading is °सीमा or °सीमः according as we take the original word to be सीमन् or सीमा. For शालि *see* note III. 1 and IV. 8. विनिपतिततुषारः etc.—This reading is preferred to सततमतिमनोज्ञः कौञ्चमालापरीतः because सततमतिमनोज्ञः is a mere repetition of बहुगुणरमणीयः and also because of the occurrence of प्रपतत्तुषारः at IV. 1. तुषार *See* IV. 1. क्रौञ्च–*See* IV. 8. उपगीतः-Musical with (उप समन्तात् गीतमत्स्यातीति). प्रदिश्— to grant ; *cf.* दिश् II. 28 ; प्रतिदिश् III. 26. हिमयुक्तः–'accompanied with cold'. त्वेष कालः सुखं वः—We choose this in preference to the other reading काल एषः सुखं वः which is inaccurate since according to the rules of *Sandhi* the *Visarga* of एषः will have to be dropped before सुखम्. तु–is expletive (पादपूरणे).

---

1. इति बहुरमणीयो।
2. सीमः।
3. सततमतिनोज्ञः। सुरतगतिमनोज्ञः। विनिपतितमनोज्ञः।
4. क्रौञ्चमालापरीतः।
5. उपदिशतु सुखं वः काल एषोऽतिरम्यः।
6. काल एषः। वेषकालः।

CANTO V

पञ्चमः सर्गः

A Description of the Cold Season

प्ररूढशाली[1]क्षुचयावृतक्षितिं
[2]क्वचित्स्थितक्रौञ्चनिनादराजित[3]म्।
प्रकाम[4]कामं प्रमदाजनप्रियं
[5]वरोरु कालं शिशिराह्वयं शृणु।। 1।।

प्ररूढेति। हे वरोरु! वरौ श्रेष्ठौ ऊरू यस्याः तत्संबोधनं। संज्ञापूर्वकविधेरनित्यत्वान्न ह्रस्वस्य गुण इति गुणः। प्ररूढशालीक्षुचयैः। प्रकर्षेण रूढानां वृद्धिंगतानां शालीनां कलमानां इक्षूणां च चयैः समूहैः आवृता आच्छादिता क्षितिः यस्मिन् तं। क्वचित्स्थितक्रौञ्चनिनादराजितम्। क्वचित् कुत्रचित्स्थले स्थितानां क्रौञ्चानां तन्नामकपक्षिणां निनादैः रवैः राजितं भूषितं। प्रकागकामं प्रकामं अत्यन्तं कामः मदनः यस्मिंस्तं। प्रमदाजनप्रियं प्रमदाजनस्य मानिनीजनस्य प्रियम्। शिशिराह्वं शिशिर इति आह्वयः यस्य तं। शिशिरसंज्ञकमित्यर्थः। कालं कालवर्णनमिति भावः। शृणु।

Hear, O Beautiful-thighed one, the season called *Śiśira,* beloved of the ladies, in which the earth is covered with clusters of grown-up rich and sugar-cane, which is adorned with the cries of *krauñca* birds stationed in some places, (and) in which (the feeling of) love is exuberant.

---

1. प्ररूढशालीक्षु॰–This reading is preferable to प्ररूढशाल्यंशुचयैर्मनोहरं as अंशु in the latter does not yield any good sense ; our reading is further supported by the expression स्वादुशालीक्षुरम्यः in verse 16. प्ररूढ 'grownup'. For शालि *see* III. 1. इक्षु–*m.* the suger—cane. क्रौञ्च–*see* notes IV. 8. प्रकामकामं–प्रकामं excessively

---

1. शाल्यंशुचयैर्मनोहरम्। शालिप्रचयावृतक्षितिम्। शालीक्षुचयैर्मनोहरम्। प्रवृद्धशालीक्षुचया-वृतक्षितिम्।
2. क्वचित्स्थितम्। निद्रोत्थित। क्षितिस्थित।
3. शोभितम्।
4. कामप्रमोदहेतु।
5. प्रियेऽथ कालम्।

निरुद्धवातायनमन्दिरोदरं
हुताशनो भानुमतो गभस्तयः।
गुरूणि वासांस्यबलाः सयौवनाः
प्रयान्ति कालेऽ[1]त्र जनस्य सेव्यताम्।। 2।।

निरुद्धेति। अत्र काले अस्मिन् शिशिरे। निरुद्धवातायनमन्दिरोदरं निरुद्धानि वातायनानि गवाक्षा यस्य तादृशस्य मदिरस्य गृहस्य उदरं गर्भस्थानं। हुताशनः अग्निः। भानुमतः सूर्यस्य गभस्तयः किरणाः। गुरूणि अलघूनि। वासांसि वस्त्राणि। सयौवनाः यौवनेन सहिताः। अबलाः स्त्रियः। जनस्य। सेव्यतां। प्रयान्ति।

In this season people resort to the use of the interior of the house with the windows closed, of fire, of the sun's rays, of thick garments, (and) of youthful ladies.

न चन्दनं चन्द्रमरीचिशीतलं
न हर्म्यपृष्ठं शरदिन्दुनिर्मलम्[2]।
[3]न वायवः सान्द्रतुषारशीतला
जनस्य चित्तं रमयन्ति सांप्रतम्।। 3।।

न चन्दनमिति। सांप्रतं। चन्द्रमरीचिशीतलं चन्द्रस्य मरीचिभिः किरणैः शीतलं। चन्दनं। 'जनस्य चित्तं' इति तंत्रेण सर्वात्रान्वेति। न रमयति। इति वचनविपर्ययेणान्वयः। शरदिन्दुनिर्मलम्। शरदिदुरिव निर्मलं। हर्म्यपृष्ठं हर्म्योपरिस्थानं च। जनस्य चित्तं न रमयति। सान्द्रतुषारशीतलाः। सान्द्रैर्निबिडैस्तुषारैः हिमकणैः शीतलाः। वायवः। जनस्य चित्तं न रमयन्ति।

Neither sandal-pastes cooled in the lunar rays, nor mansion-terraces bright with the autumnal moon, nor winds cold with thick dew, do now delight people's minds.

कामः यस्मिन् तं (कालं). वरोरू–*f.* a woman having beautiful thighs' *i.e.*, a beautiful woman (वरौ ऊरू *m. dual* यस्याः सा वरोरुः–वरोरू वा; with वरोरु as the original word the Voc. sing. would be वरोरो ; *see* तत्त्वबोधिनी on Pāṇ. IV. 1.70 quoting Kum. VIII. 36 'पीवरोरु पिबतीव बर्हिणः'). For this mode of address, *cf.* note on I. 1. शिशिर–*m.* the cool or dewy season (comprising the months of माघ and फाल्गुन corresponding roughly to February and March). The rest of the seasons have marked distinctive characteristics but it may be noted that शिशिर does not greatly differ from हेमन्त. Dr. Ryder renders शिशिर by *Early*

1. अद्य।
2. सुन्दरम्।
3. न चाम्बरं सान्द्रतुषारशीतलम्।

तुषारसंघातनिपातशीतलाः
शशाङ्क[1]भाभिः शिशि[2]रीकृताः पुनः ।
विपाण्डुतारागणचारु[3]भूषणा
जनस्य सेव्या न भवन्ति रात्रयः ।। 4 ।।

तुषारेति । तुषारसंघातनिपातशीतलाः तुषाराणां संघातस्य समूहस्य निपातेन शीतलाः । शशाङ्कभाभिः चन्द्रकिरणैः । 'भाः प्रभावे मयूखेऽस्त्री' इति मेदिनी । पुनः शिशिरीकृताः । अभूततद्भावे च्विः । विपाण्डुतारागणचारुभूषणाः । विपाण्डुश्चासौ तारागणश्च स एव चारु भूषणं यासां ताः । रात्रयः । जनस्य । सेव्याः । न भवन्ति ।

People do not (now) enjoy nights cool with the thick fall of the dew (and) rendered still cooler by the rays of the moon, (and) which are beautifully adorned by numerous pale stars.

Spring. आह्वय–*m*. (lit., that by which a thing is *called*, fr. आ+ह्वे) 'a name'.

2. निरुद्ध°–निरुद्धानि closed वातायनानि windows (*lit*. वातस्य अयनं 'the passage for the wind') यस्मिन् एतादृशं मन्दिरं तस्य उदरं (गर्भः 'interior') तत्. It is also possible to take वातायन separately in the literal sense, thus ; निरुद्धं stopped वातस्य of the wind अयनं (गति 'course,' 'passage') यस्मिन् etc. गुरु–*adj*. 'heavy', 'thick' ; and not तनु as at I.7. प्रयान्ति सेव्यताम्–*cf*. the similar construction at I.2.

3. What is meant in this and in the next Śloka is that the cold is already so intense in this season that people do not require any additional cooling things, although these would have given delight in summer (I. 6, 9 etc.) or in autumn (III. 20, 22 etc.) चन्द्रमरीचिशीतलम्–'cooled by the moon's rays' (चन्द्रमरीचिभिः शीतलम्). In the summer, people very often expose sandal-paste in the moon-light to make it, still cooler. शरदिन्दुनिर्मलम्–'clean (*i.e*., bright) with the autumnal moon' (शरदिन्दुना निर्मलम्) ; moon-light is particularly bright in *Śarad* ; *cf*. III. 7, 21, 22 etc. सान्द्रतुषारशीतलाः 'cold with the falling thick dew' (सान्द्रेण तुषारेण हिमेन शीतलाः) For तुषार *see* IV. 1.

4. तुषार°–तुषारस्य संघातः तस्य निपातेन शीतलाः । विपाण्डुतारा°–The sky is pale because of the intervention of the mist. The reading °तारागणजिह्मभूषिताः is rejected as जिह्म makes no sense. If it means any thing it is जिह्मं यथा तथा भूषिताः decked in a crooked, *i.e*., and in a straight way; imperfectly beautified.

---

1. रोचिः । शोभाः ।
2. शिशिरीकृता ।
3. जिह्मभूषिताः । चारुभूषिताः ।

गृहीतताम्बूलविलेपनस्रजः
पुष्पा[1]सवामोदितवक्त्रपङ्कजाः।
प्रकामकालागुरुधूपवा[2]सित
विशन्ति शय्या[3]गृहमुत्सुकाः[4] स्त्रियः ।। 5 ।।

गृहीतेति। गृहीतताम्बूलविलेपनस्रजः। गृहीतानि ताम्बूलानि विलेपनानि कस्तूर्यादीनि स्रजः पुष्पमालाश्च याभिस्ताः। पुष्पासवामोदितवक्त्रपङ्कजाः। पुष्पासवेन माध्वीकेन आमोदितानि सुगन्धितानि वक्त्रपङ्कजानि मुखकमलानि यासां ताः। संवदत्ययं पाठः 4-21 श्लोकेन। स्त्रियः। उत्सुकाः सत्यः। प्रकामकालागुरुवधूपवासितं। प्रकाममत्यन्तं कालागुरुधूपेन वासितं सुगन्धीकृतं शय्यागृहं। विशन्ति।

Taking (with them) betel-rolls, cosmetics and garlands, their lotus-like faces redolent of floral liquor, women full of longing enter the bed-chamber (which is) thoroughly perfumed with the incense of *kālāguru.*

कृतापराधान्बहु[5]शोऽभितर्जिता-
न्सवेपथून्साध्वसलुप्त[6]चेतसः।

---

5. ताम्बूल–*n.* a roll of the leaves of betel with the arecanut, catechu, caustic lime and spices (Mar. विडा), which is chewed as a carminative and antacid tonic, especially after meals, विलेपन–*n.* a perfume for the person, to be smeared (such as saffron, musk, sandal-paste etc.) पुष्वासवा॰–for पुष्पासव *see* IV. 11. The other reading सुखासव makes no good sense. Dis. पुष्पासवेन आमोदितानि संजातामोदानि वक्त्रपङ्कजानि यासां ताः। The second line being in इन्द्रवंशा metre the stanza is an उपजाति. प्रकाम॰–प्रकाम excessively यथा तथा कालागुरुधूपवासित. The word प्रकामम् (*ind.*) has occurred at IV. 4 and V. 1. For कालागुरु *see* II. 21. धूप *m.*—'the aromatic smoke of.'

6. कृतापराधान्–*see* note on II. 11. बहुशोऽभितर्जितान्–is better than the other reading बहुशोऽपि र्जितान् in which अपि has no force. अभितर्जित 'scolded' (for the अपराध). वेपथु–*m.* 'tremor' (from वेप्+अथुच्, by Pāṇ. III. 3. 89.). साध्वसलुप्तचेतसः–*adj.* of भर्तॄन्. The वेपथु and साध्वस (*n.* 'fear') are due to the

---

1. सुरासवा। सुखासवा।
2. वासिताम्। वासिना।
3. शय्याम्।
4. उत्सुकस्त्रियः।
5. अधितर्जितान्। अपि तर्जितान्। वितर्जितान्। बहुधाऽभितर्जितान्।
6. मन्द।

निरीक्ष्य भर्तॄन्सुरताभिलाषिणः
स्त्रियोऽपराधान्समदा[1] विसस्मरुः[2] ॥ 6 ॥

कृतेति। कृतापराधान् कृताः अपराधाः यैस्तान्। बहुशः वारं वारं। बहुप्रकारेण वा। अभितर्जितान् भर्त्सिसतान्। 'बहुशोऽपि तर्जितान्' इति समीचीनः पाठः। बहुशः तर्जितानपि कृतापराधान् इत्यनेन भर्तुर्दोषाधिक्यं व्यज्यते। अत एव सवेपथून् सकम्पान्। साध्वसलुप्तचेतसः साध्वसेन भीत्या लुप्तं नष्टं चेतः चित्तं येषां तान्। भर्तॄन् पतीन्। सुरताभिलाषिणः सुरतं अभिलषन्ति तादृशान्। निरीक्ष्य विलोक्य। समदाः मदयुक्ताः। इदं अपराधविस्मरणे हेतुगर्भं विशेषणाम्। स्त्रियः। अपराधान्। विसस्मरुः विस्मृतिं निन्युः।

Seeing their husbands, who had behaved wrongly and were variously rebuked (for it), trembling, their minds being distressed by fear, (being still) desirous of sexual pleasure, ladies excited by passion forgot (their) errors.

प्रकामकामैर्युव[3]भिः सुनिर्दयं
निशासु दी[4]र्घास्वभिरामिताश्चिरम्।
[5]भ्रमन्ति मन्दं श्र[6]मखेदितोरवः[7]
क्षपावसाने नवयौवनाः स्त्रियः ॥ 7 ॥

प्रकामेति। प्रकामकामैः अत्यन्तविषयेच्छवद्भिः। युवभिः तरुणैः। दीर्घासु निशासु। सुनिर्दयं सुतरां निर्गता दया यस्मिन्कर्मणि यथा तथा। सरभसमिति यावत्। चिरं। अभिरामिताः संक्रीडिताः। मितांह्रस्व इति सूत्रे वा चित्तविरागे इत्यतो वेत्यनुवृत्य व्यवस्थितविभाषाश्रयणान्नात्र मितां ह्रस्व इति ह्रस्वः। स्पष्टं चेदं सि॰ कौ॰ घटादिप्रकरणे। तेन 'रजो विश्रामयन् राज्ञां' रघु॰ 4-85 'धुर्यान्विश्रामयेति सः' रघु॰ 1-54 इति कालिदासप्रयोगोपपत्तिः। अत एव श्रमपीडितोरवः श्रमेण पीडितौ ऊरू यासां तादृश्यः। नवयौवनाः। स्त्रियः। क्षपावसाने निशान्ते। प्रातःकाले इति यावत्। मन्दं। भ्रमन्ति।

Long enjoyed pitilessly during the lengthy nights by young men under the influence of strong passion, ladies just come into youth move about slowly in the morning (*lit.* at the end of the night), their thighs paining with the fatigue.

अभितर्जन. समदाः–'under the infatuation of Love', 'excited by passion' ;–this is the reason of their ready विस्मरण.

7. प्रकामकामैः–प्रकामं कामः येषां तैः *cf.* V.1. सुनिर्दयम् *cf.* IV. 12. This reading is

---

1. शयने।
2. न सस्मरुः।
3. सुरतेऽतिनिर्दयम्। युवभिः सनिर्दयम्। सुरतैश्च। सुधवैः।
4. दीर्घास्वभिभाविता भृशम्। गाढं दयितैश्चिरं दृढम्। दीर्घास्वतिपीडिताः।
5. भवन्ति। धमन्ति। भ्रमन्त्यमन्थम्।
6. मन्द।
7. मोदितोरसः। खेदितोरसः।

मनोज्ञ[1]कूर्पासकपीडितस्तनाः
सरागकौशे[2]यकभूषितोरवः।
निवेशितान्तः कुसुमैः शिरोरुहै-
र्विभूषयन्तीव हिमागमं स्त्रियः।।8।।

मनोज्ञेति। मनोज्ञकूर्पासकपीडितस्तनाः। मनोज्ञैः कूर्पासकैः कञ्चुकैः पीडिताः नियन्त्रिताः स्तना यासां ताः। सरागकौशेयकभूषितोरवः। सरागैः रागसहितैः कौशेयकैः कृमिकोशोत्थवस्त्रैः भूषिता ऊरवः यासां ताः। निवेशितान्तः कुसुमैः। अन्तर्निवेशितानि कुसुमानि येषु तैः। अन्तःशब्दस्य राजदन्तादित्वात्परनिपातः। शिरोरुहैः कुन्तलैः। उपलक्षिताः। इत्थंभूतलक्षणे इति तृतीया। स्त्रियः। हिमागमं। शिशिरं। विभूषयन्तीव अलंकुर्वन्तीव। उत्प्रेक्षालंकारः।

With their breasts pressed by pretty bodies, thighs adorned with coloured silken garments, (and) hair with flowers inserted in it, ladies are, as it were, decorating the cold season.

पयोधरैः कुङ्कुमरागपिञ्जरैः
सुखोपसेव्यैर्नवयौवनो[3]ष्मभिः।

---

simpler than the other सनिर्दयम्, अभिरामिताः–the regular form should be अभिरमिताः. श्रमखेदितोरवः–this reading is preferable to श्रमखेदितोरसः as it better explains the reason of मन्दभ्रमण. खेदित–distressed, exhausted.

8. **कूर्पासक**–*See* IV. 16. पीडित–pressed, crushed, because the bodies are very lightly worn. सराग—'dyed' (in some colour, red, yellow etc.). कौशेयक–*n.* ('silk cloth', a woman's lower garments of silk so called because produced from the कोशs (cocoos) of the silk worm. Der. कोश+ढञ् by Pāṇ. IV. 3. 42 ; कौशेयमेव कौशेयकं; स्वार्थे कन्. °भूषितोरवः is better than °भूषितोरसः since उरस् refers to स्तनs, which are described in the first line. Also, having described the covering for the breasts, the poet naturally goes on to state what is worn lower. निवेशिता°–*see* note on III. 19. The compound should better have been आन्तर्विवेशितकुमैः हिमागम– *m.*, the time when snow falls (हिमस्य आगमः यस्मिन् सः कालः), cold season ; *cf.* घनागमः II. 1 पुष्पागमः Misc. 13.

9. Construe : विलासिनाभिः (कर्त्रीभिः) पयोधरैः (करणैः) परिपीडितोरसः कुङ्कुम°, सुमुखो° and नव° are all attributives of पयोधरैः कुङ्कुम.–*n.* saf fron. पिञ्जर–*adj.*

---

1. कूर्पासनिपीडित।
2. कौशेयविभूषितोरसः। कौशेयविभूषितोरवः।
3. यौवनोत्सवाः। यौवनोत्सवः। यौवनोन्नतैः। यौवनोद्भवैः।

वि[1]लासिनीभिः परिपीडतोर[2]सः
[3]स्वपन्ति शीतं परिभूय कामिनः ।। 9 ।।

पयोधरैरिति। विलासिनीभिः। इदं कर्तृपदं। कुङ्कुमरागपिञ्जरैः। कुङ्कुमस्य काश्मीरजस्य रागेण रङ्गेण पिञ्जरैः पीतरक्तैः। नवयौवनोष्मभिः। नवयौवनस्योष्मा येषु तैः। अतएव सुखोपसेव्यैः सुखोपभोग्यैः। पयोधरैः स्तनैः। इदं करणपदं। परिपीडितोरसः। परिपीडितान्याश्लिष्यन्युरांसि वक्षःस्थलानि येषां ते। कामिनः कामुकाः। शीतं हिमं। परिभूय अनादृत्य। स्वपन्ति शयनं कुर्वन्ति।

Lovers sleep, overcoming the cold, their breasts being pressed by mistresses with (their) bosoms which are reddened with saffron-dye and which, with the heat of fresh youth, are to be enjoyed with delight.

सुगन्धिनिःश्वासविकम्पितो[4]त्पलं
मनोहरं कामरति[5]प्रबोधकम्।
निशासु हृष्टाः[6] सह कामिभिः स्त्रियः
पिबन्ति मद्यं मदनीयमुत्तमम्।। 10 ।।

सुगन्धीति। निशासु। रात्रिषु। हृष्टाः प्रमुदिताः। स्त्रियः। कामिभिः स्वकान्तैः। सह। सुगन्धिनिःश्वासविकम्पितोत्पलम्। सुष्ठुगन्धो येषां तादृशैः निःश्वासैः विशेषेण कम्पितानि उत्पलानि सौगन्ध्यार्थं स्थापितानि कमलानि यस्मिंस्तत्। मनोहरं। कामरतिप्रबोधकं मदनोद्दीपकमित्यर्थः। उत्तमं। मदनीयं मदजनकं। मद्य पिबन्ति।। इदं पद्यं प्रथमसर्गस्थतृतीयश्लोकेनांशतः समानार्थकम्।

At nights delighted women drink in company with (their) lovers attractive, excellent, intoxicating wine, which inflames the desire for pleasures, (and) the lotus-flowers in which are shaken by (their) odorous breath.

---

reddish-yellow. सुखोप°–सुखं or सुखेन उपसेव्यैः. नव°–नवयौवनस्य ऊष्मा येषां विद्यते तैः ऊष्मन्—*m.* heat. परिभूय–having defied, subdued.

10. सुगन्धि°–सुगन्धिभिः (*see* II. 18 notes) निःश्वासैः विकम्पितं उत्पलं यस्मिन् तत्. The lotus-flowers are put in it for perfume ; *cf.* Rag. XIX. 40. Mention is similarly made of सहकार and पाटल blossoms as being placed in wine ; *cf.* मग्नंबालसहकारसुगन्धौ Śiś. X. 3, कामरति°–there is a certain tautology in using both काम and रति ; we may, however, explain as कामे या रतिः (attachment) तस्याः प्रबोधकं promoter, inciter of. मदनीय–*adj.* 'intoxicating'.

---

1. विलासिनीनाम्।
2. भृशम्।
3. क्षपन्ति। क्षिपन्ति।
4. दरभ्। विकल्पितोत्पलम्।
5. प्रबोधनम्।
6. कृष्णासु च कामिनो जनाः।

अपगतमदरागा योषिदेका[1] प्रभाते
कृत[2]निबिडकुचाग्रा पत्युरालिङ्गनेन।
प्रियतमपरिभुक्तं वी[3]क्षमाणा स्वदेहं
व्रजति शयन[4]वासाद्वास[5]मन्यं हसन्ती।। 11।।

अपगतमदेति। अपगतमदरागा अपगतः नष्टः मदरागः मदरक्तिमा यस्याः सा। पत्युः आलिङ्गनेन। कृतनिबिडकुचाग्रा। कृते निबिडे निम्ने कुचाग्रे यस्याः सा। सविशेषणानां वृत्तिर्न। वृत्तस्य विशेषणयोगो नेति समयविरुद्धोऽयं प्रयोगः। प्रियतमपरिभुक्तं। स्वदेहं। वीक्षमाणा। हसन्ती। एका। योषित्। प्रभाते। शयनवासात् शय्यागृहात्। अन्यं। वासं गृहं। गुर्वधिष्ठितमित्यर्थः। व्रजति गच्छति। अस्य चतुर्थचरणः द्वितीयसर्गस्थ 21 श्लोकस्य चतुर्थचरणेन अवशिष्टभागश्च चतुर्थसर्गस्थ 16 श्लोकेनार्थसाम्यं वहति।

In the morning some lady, her intoxicated passion gone, (and) the tops of her breasts made compact by the embrace of (her) husband, goes laughing from the bed-chamber to another (part of the) house, looking at her body enjoyed by (her) lover.

अगुरुसुरभिधूपा[6]मोदितं केश[7]पाशं
गलितकुसुम[8]मालं कु[9]ञ्चिताग्रं वहन्ती।

11. अपगतमदरागा–Coming after Śloka 10, मद may be taken to mean 'intoxication.' रागः–passion or flush. कृत°–निबिडं (compact, thickly compressed) कुचाग्रं यस्याः सा; the compound should better have been निबिडीकृतकुचाग्राः शयनवास–is शयनगृह; *cf.* II. 21. वास–*m.* 'above, place' (from वस् to dwell). 'वासो वेश्मनि' इति हैमः। अन्यम्–the reading अन्यत् is incorrect since वास is *m.* and not *n.*

12. अगुरु°–अगुरु (m. the fragrant Aloe wood) तस्य सुरभिः धूपः (smoke) तेन आमोदितं (perfumed). *See* IV. 5. and notes thereon ; also *cf.* śl. 5 in this canto

1. एव। एषाम्।
2. कृतविनतकुचाग्रा। कृतविकृतकुचाग्रा।
3. वांक्षियमाणा।
4. गेहात्।
5. अन्यद्धसन्ती। अन्यद्व्रजन्ती।
6. आमोदितान्। शोभितम्। कुसुमवासामोदितम्।
7. केशपाशान्।
8. मालान्।
9. तन्वती कुञ्चिताग्रम्।

त्यजति गुरुनितम्बा निम्न[1]नाभिः सुमध्या
[2]उषसि शय[3]नमन्या कामिनी चारु[4]शोभा।। 12।।

अगुरुसुरभीति। अगुरुसुरभिधूपामोदितं। अगुरोः सुरभिधूपेन आमोदितं सुगन्धितं स. 4।5 श्लोकोऽस्यानुकूलः। गलितकुसुममालं। गलित। कुसुममालां यस्मात्तं। कुञ्चिताग्रं। कुञ्चितानि कुटिलान्यग्राणि प्रान्तभागा यस्य तं। केशपाशं केशसमूहं 'पाशः पक्षश्च हस्तश्च कलापार्थाः कचात्परे' इत्यमरः। गुरुनितम्बा। गुरुः नितम्बः कटिपश्चाद्भागो यस्याः सा। निम्ननाभिः निम्ना गभीरा नाभिर्यस्याः सा। सुमध्या शोभनः मध्यः कटिभागो यस्याः सा। चारुशोभा अन्या कामिनी उषसि प्रभाते शयनं त्यजति।

Another lady of heavy hips, deep navel, slender waist and graceful beauty, leaves in the morning (her) bed, having (her) abundant hair, curled at ends, perfumed with the fragrant smoke of *aguru* and without its flower-wreaths.

कनककमलकान्तैश्चारु[5]ताम्राधरोष्ठैः
[6]श्रवणतटनिषक्तैः पाटलोपान्तनेत्रैः।

---

for धूप and आमोदित. For केशपाश *see* II. 21. IV. 14. गलित°–*cf.* IV. 15. कुञ्चिमागं वहन्ती–is simpler than the other reading तन्वती कुञ्चिताग्रम्. निम्ननाभिः सुमध्या— the other reading निम्नमध्यावसाना does not give a good meaning. It may mean निम्नं मध्यस्यावसानं the terminating part (कटिप्रान्तौ) यस्याः सां; having a depressed waist, but निम्न falls in better with नाभि. निम्ननाभिः–Deepness of the navel is considered as a mark of beauty, as also the गौरव of the hips ; *cf.* श्रोणीभारा-दलसगमना Meg. II. 22. निम्ननाभिः–*ibid.* सुमध्या–शोभनः मध्यः यस्याः सा। मध्यः–*m.* 'the middle of the body,' the waist. Its शोभनत्व consists in slenderness. *cf.* मध्ये क्षामा Meg. II. 22. There is no *sandhi* of the vowels between सुमध्या and उषसि ; such license is explained away on the strength of the rule "संहितैकपदे नित्या नित्या धातूपसर्गयोः। नित्या समासे वाक्ये तु सा विवक्षामपेक्षते।।"

13. There is some दूरान्वय in construing this verse, which should be explained as: कनककमलकान्तैः वदनबिम्बैः (तथा) चारुताम्राधरोष्ठैः (तथा) श्रवण° नेत्रैः, (तथा) अंससंक्तकेशैः (च) उपलक्षिताः योषितः etc. The Instr. is उपलक्षणे तृतीया.

---

1. निम्नमध्यावसाना–वसन्ना।
2. प्युषसि।
3. शयनवासः। शयनवासम्। शयनमध्या।
4. कामशोभा। कामशोभाम्। कामशोभम्।
5. सद्य एवाम्बुधौतैः। चारुसबिम्बाधरोष्ठैः।
6. स्मरदमृतनिषक्तैः। श्रवणतटनिषिक्तैः–नियुक्तैः।

उषसि वदनबिम्बैर[1]ससंसक्तकेशैः
श्रिय इव गृहमध्ये संस्थि[2]ता योषि[3]तोऽद्य।। 13।।

कनकेति। अद्य अस्मिञ्शिशिरे उषसि कनककमलकान्तैः कनककमलमिव सुवर्णकमलमिव कान्तैः मनोरमैः। चारवः सुन्दरास्ताम्राश्च अधरोष्ठा येषां तैः। अस्य 'वदनबिम्बैः' इति दूरेणान्वयः। श्रवणतटनिषक्तैः। श्रवणतटे कर्णप्रान्ते निषक्तैः संसक्तैः। आकर्ण दीर्घैरित्यर्थः। पाटलोपान्तनेत्रैः पाटलाः श्वेतरक्ता उपान्ता येषां तानि च तानि नेत्राणि च तैः अंससंसक्तकेशैः अंसेषु संसक्ताः ते च ते केशाश्च तैः। योषितः स्त्रियः। गृहमध्ये। श्रिय इव लक्ष्म्य इव। संस्थिताः।

To-day in the morning women are like (so many) *Lakṣmīs* in the house, with (their) round faces lovely like golden lotuses, with (their) beautiful red lower-lips with (their) eyes, red at the corners, stretching to the sides of the ears, (and) with (their) hair sticking to (their) shoulders.

पृथुजघनभरार्ताः किंचिदानम्रम[4]ध्याः
स्त[5]नभरपरिखेदान्मन्दमन्दं व्रज[6]न्त्यः।

कनक°–कनककमलमिव कान्तीन तैः. कनककमल is a particular variety of lotus whose flower is of a golden-yellow colour. *Cf.* हेमाम्भोजप्रसवि सलिलं Meg. I. 65. वक्त्रेषु हेमाम्बुरुहोपमेषु Ṛt. VI. 7. कनककमलकान्तैराननैः पाण्डुगण्डैः Misc. 9. The point of comparison is the golden complexion. चारु–This reading is chosen in preference to सद्य एवाम्बुधौतैः since the latter has no propriety. अधरोष्ठ—Note that the rules of *sandhi* allow either अधरोष्ठ or अधरौष्ठ–H.S. Grammar, Ed. 4th. 1912, § 21 (*d*)] श्रवणतटनिषक्तैः 'sticking to the sides of the ears.' The आयतेक्षणत्व in women is a mark of beauty ; *cf.* दीर्घापाङ्गा Vik. IV. 9. पाटलो°–पाटलाः reddish—white. श्रियः इव–लक्ष्म्यः इव, *i.e.,* as beautiful as the goddess Lakṣmī who is considered to be the standard of beauty. संस्थिताः–'are remaining.'

14. पृथु–पृथु *adj.* 'big.' जघन–*n.* the hips. आर्त–pained, diśressed by ; *cf.* श्रोणीभारादलसगमना स्तोकनम्रां स्तनाभ्यां Meg. II. 21. किंचिदानम्रध्याः–note the looseness of style here. किंचित् repeats आ. मन्दमन्द–see notes on II. 22. नैश–*adj.* (निशायां

---

1. संयुक्त।
2. संस्मिता।
3. योषिताय।
4. मध्या।
5. स्तनयुग।
6. व्रजन्त्याः।

सु[1]रतसमयवेषं नैशमाशु[2] प्रहा[3]य
दधति दिवसयोग्यं वेषमन्या[4]स्तरुण्यः ।। 14 ।।

पृथुजघनेति। पृथुजघनभरार्ताः पृथुनः महतः जघनभरेण आर्ताः पीडिताः। किञ्चिदानम्रमध्याः किञ्चिदीषदानम्रः मध्यो यासां ताः। स्तनभरपरिखेदात् स्तनभरस्य परिखेदात्। मन्दमन्दं अतिमन्दोमित्यर्थः। प्रकारे गुणवचनश्चेति द्विर्भावः। समासवद्भावात्सुब्लुक्। व्रजन्त्यः गच्छन्त्यः। तरुण्यः। नैशं निशासंबन्धिनं सुरतसमयवेषं सुरतसमयस्य वेषं नेपथ्यं। आशु शीघ्रं। प्रहाय विहाय। दिवसयोग्यं वेषं दधति।

Other young ladies, distressed by the burden of (their) plump hips, with the waist slightly bent a little (and) moving very slowly on account of the fatigue of the burden of the breasts, quickly putting off the dress (worn) at night at the time of the sexual sports, put on another (better) suited for day.

न[5]खपदचितभागान्वीक्षमाणाः स्तना[6]न्ता
नधरकिसल[7]याग्रं दन्त[8]भिन्नं स्पृशन्त्यः।

भवं) '*worn* at night (when applied to dress) ; *cf.* नैशो मार्गः Meg. II. 11.

15. पद–*n.* a mar 'पदं व्यवसितित्राणस्थानलक्ष्माङ्घ्रिवस्तुषु' इत्यमरः। *Cf.* नखपदसुखान् Meg. I. 37. कररुहपदै–*ibid.,* II. 36. नवनखपदमङ्गं गोपयस्यंशुकेन Śiś. XI. 34. स्तनान्तान् is better than स्तनापात् as अग्र in the sense of 'top' is always *neuter.* अधर०–अधरः किसलयमिव तस्याग्रम्. किसलय–*n.* a young sprout (पल्लव). The comparison of अधर to पल्लव has already occured at II. 12. अभिमतरतवेषम्–this is preferable to अभिमतरसमेतम् which does not yield a good sense. अभिमत०–'their appearance (वेष) due to the रत, which (वेष) was अभिमत by them. अभिमतः रतसंबन्धी वेषः तम् नन्दय् (स्वार्थे णिच्), to take delight in सविनुरुदयकाले is perishrastic for उषसि. भूषयन्त्याननानि–*see* IV. 13.

---

1. सुरतसमयखेदम्। सुरतशयनवेषम्। अङ्गे।
2. अन्यत्। अन्त्यं।
3. विहाय।
4. एषाः। एताः। एकाः।
5. नखपदरचिताग्रान्। नखपदहृतभङ्गान्।
6. स्तनाग्रान्।
7. व्याग्रान्।
8. भिन्नान्।

अभिमतरत[1]वेषं नन्द[2]यान्त्यस्तरुण्यः
सवितुरुदयकाले भूषयन्त्याननानि।।15।।

नखपदेति। नखपदचितभागान्। नखपदैः नखाङ्कैश्चिता व्याप्ता भागा अंशा येषां तान्। स्तनान्तान्। वीक्षमाणाः अवलोकयन्त्यः। दन्तभिन्नं दशनखण्डितं। अधरकिसलयाग्रं अधरः किसलयमिव तस्य अग्रं। स्पृशन्त्यः परामृशन्त्यः। अभिमतरसवेषं अभिमतस्याभिलषितस्य रतस्य वेषं नेपथ्यं 'आकल्पवेषौ नेपथ्यं' इत्यमरः। नन्दयन्त्यः। तरुण्यः। सवितुः। उदयकाले। आननानि वदनानि। भूषयन्ति।

Observing the regions of breasts whose space is covered with nail-marks, (and) touching the surface of the lower-lip (which is) pierced by teeth (and which is delicate) like a young sprout, young ladies, rejoicing at (their) appearance—liked by them–after the sexual pleasures, decorate their faces in the morning.

प्रचुरगुडविका[3]रः स्वादुशालीक्षुरम्यः
प्रब[4]लसुरतकेलिर्जात[5]कदर्पदर्पः।
प्रियजन[6]रहितानां चित्तसंतापहेतुः
शिशिरसमय एष श्रेयसे वोऽ[7]स्तु नित्यम्।। 16।।

प्रचुरेति। प्रचुरगुडविकारः प्रचुरः प्रभूतः गुडविकारः शर्करादिवस्तुजातं यस्मिन् सः। स्वादुशालीक्षुरम्यः स्वादवः मधुरा ये शालयः कलमाः इक्षवो रसालाः। 'रसाल इक्षुः' इत्यमरः। तै रम्यः। प्रबलसुरतकेलिः प्रबला सुरतकेलिर्यस्मिन् सः। जातकन्दर्पदर्पः। जातः कन्दर्पदर्पः मदनाभिमानः यस्मिन् सः। प्रियजनरहितानां।

---

16. गुड–is what is known as गूळ in Mar., the hard impure yellow or reddish brown sugar obtained from boiling sugar-cane juice. गुडस्य विकाराः गुडविकाराः 'whatever is prepared from *guṇa* by changing its form, *i.e.*, 'sugar sweatmeats', 'sugar confections'. स्वादुशाली°–*cf.* V. 2. जात°–in which Cupid is proud (of his work) *i.e.*, in which the influence of love is very strong ; *cf.* कंदर्पदर्पशिथिलीकृत etc. VI. 24.

---

1. रसमेता। रसमेतम्। तमोदम्। अतिशयधृतदेहान्।
2. दीपयन्त्यः। वर्णयन्त्यः। अन्धयन्त्यः।
3. विपाकः। गुरुविपाकः।
4. प्रसूत। प्रधृत।
5. शान्त।
6. तम।
7. तेऽस्तु।

विरहिणामित्यर्थः चित्तसंतापहेतुः। चित्तसंतापस्य हेतुः कारणं। एषः शिशिरसमयः। नित्यं निरन्तरं वः श्रेयसे कल्याणाय। अस्तु।

इति बालोबोधिनीटीकासहितस्य ऋतुसंहारकाव्यस्य
शिशिरवर्णनं नाम पञ्चमः सर्गः।।

May this cold season always give you happiness, in which sugar-confections are plentiful, (which is) charming with sweet rice and sugar-cane, in which there is much of sexual sports, in which Cupid becomes intense, (and which is) the cause of the heartache of those (who are) separated from (their) lovers.

CANTO VI

षष्ठः सर्गः

A Description of the Spring Season

मधुरेण समापयेदिति न्यायेनान्ते वसन्तं वर्णयति–

प्रफुल्लचूताङ्कुरतीक्ष्णसायको
द्विरेफमा[1]लाविलसद्धनुर्गुणः।
मनांसि भेत्तुं[2] [3]सुरतप्रसङ्गिनां
वसन्तयोद्धा[4] समुपागतः प्रिये।। 1।।

प्रफुल्लेति। हे प्रिये! प्रफुल्लचूताङ्कुरतीक्ष्णसायकः प्रफुल्लः विकसितः चूताङ्कुर एव आम्रमञ्जर्येव तीक्ष्णसायको यस्य सः। द्विरेफामालाविलसद्धबुर्गुणः द्विरेफमालैव भ्रमरपङ्क्तिरेव विलसन् शोभमानः धनुर्गुणः धनुर्ज्या यस्य सः। द्विरेफशब्दस्य भ्रमरशब्दवाचकत्वेऽपि लक्षणया भ्रमररूपार्थबोधकत्वम्। वसन्तयोद्धा वसन्त एव योद्धा। सुरतप्रसङ्गिनां सुरते तत्पराणां। कामुकानामित्यर्थः। मनांसि। भेत्तुं विदारयितुम्। वेद्धुमित्यपपाठः। व्यध्धातोस्तुमुन्प्रत्यये संप्रसारणासंभवात्। समुपागतः संप्राप्तः।

The warrior Spring has come, dear, with the young mango blossoms for (its) sharp arrows (and) with the row of bees as the resplendent bow-string, to pierce the hearts of those addicted to sexual sports.

1. प्रफुल्ल°–प्रफुल्लाः ये चूताङ्कुराः ते एव तीक्ष्णसायकाः यस्य सः। For प्रफुल्ल *see* III. 11. चूत– *m.* is the mango-tree. In वसन्त the feeling of love is very prominent and it is therefore described as a great friend of काम, the god of love ; *cf.* क्व नु ते हृदयंगमः सखा कुसुमायोजितकार्मुको मधुः Kum. IV. 24 ; and सहचरमधुहस्तन्यस्तचूताङ्कुरास्त्रः *ibid.* II. 64. Numberous plants and creepers blossom in *Vasanta* dan these blossom arse poetically likened to so many arrows of *Kāma* with which he assails the amorous, especially these five–अरविन्दमशोकं च चूतं च नवमलिका। नीलोत्पलं च पञ्चैते पञ्चबाणस्य सायकाः।। Even of these चूत the

1. मालां विदधन् धनुर्गुणम्।
2. वेद्धुं।
3. सुरतोत्सुकानां।
4. योधः।

द्रुमाः सपुष्पाः सलिलं सप[1]द्मं
स्त्रियः सकामाः प[2]वनः सुग[3]न्धिः।
सुखाः प्रदोषा दिवसाश्च रम्याः
सर्वं प्रिये चारुतरं वसन्ते॥ 2॥

द्रुमा इति। द्रुमाः सपुष्पाः पुष्पैः सहिताः। सलिलं। सपद्मं सहितं। स्त्रियः। सकामाः समदनाः। पवनः वायुः सुगन्धिः शोभनः गन्धः यस्य सः गन्धस्येतीत्वम्। प्रदोषाः रजनीमुखानि। सुखाः सुखकराः। दिवसाश्च रम्याः। अतः इत्यध्याहार्यम्। हे प्रिये! वसन्ते सर्वं चारुतरम्। रमणीयतरं भवतीति शेषः। उपजातिवृत्तम्।

Everything, dear, gains added beauty in Spring : trees put forth flowers, waters grow lotuses, ladies become full of passion, winds blow fragrant, evenings are pleasant, and days delightful.

वापीजलानां मणिमेखलानां
शशाङ्कभासां प्रमदाजनानाम्।

---

arrow *par excellence* (*cf.* पञ्चब्भहिओ सरो होइ Śāk. VI. 3) ; the mango-tree blossoms in *Vasanta* (*cf.* चूते नवा मञ्जरी Vik. II. 7). Whatever weapons काम possesses may also be called the weapons of वसन्त, his friend. द्विरेफमाला°–द्विरेफानां (*see* III. 6) माला एव विलसन् (shining) धनुर्गुणः यस्य सः। The 'line of bees' is often called the bow-string. *Cf.* अलिपङ्क्तिरनेकास्त्वया गुणकृत्ये धनुषो नियोजिता Kum. IV. 15 ; प्रायश्चापं न वहति भयान्मन्मथः षट्पदज्यम् Meg. II. 14. ; and ज्या यस्यालिकुलं Ṛt. VI. 18. भेत्तुम्–the other reading वेद्धुम् is grammatically incorrect, the *inf.* of व्यध् being व्यद्धुम्. सुरतप्रसङ्गिनाम्–सुरते प्रकर्षेण सङ्गः (attachment) अस्ति एषाम् ते etc. वसन्तयोद्धा–वसन्त एव योद्धा। वसन्त *m.* is the Spring, the season comprising the months चैत्र and वैशाख and corresponding roughly to April and May. Piercing the hearts of lovers, it is here compared to a warrior. वसन्त is the king of seasons and descriptions of it abound in Sanskrit poetry. प्रिये–For the mode of address *cf.* notes to I. 1.

2. **सुगन्धि**–(*see* II. 18) *cf.* अङ्गे चूतप्रसवसुरभिर्दक्षिणो मारुतो मे Māl. III. 4. सुख–*adj.* Giving pleasure *cf.* the use of the word in सुखसलिलनिषेकः I. 18. प्रदोषाः–*see* I. 12.

3. **वापी**–*f.* alarge, oblong rectangular reservoir of water ; the reason of सौभाग्य is that people can enjoy जलक्रीडा now, which was not possible in the

---

1. सुपद्मं।
2. पवनाः।
3. सुगन्धयः।

चूतद्रुमाणां कु[1]सुमानितानां
[2]ददाति सौभा[3]ग्यमयं वसन्तः ।। 3 ।।

वापीजलानामिति। अयं वर्ण्यमानः वसन्तः वापीजलानां दीर्घिकोदकानाम्। मणिमेखलानां हीरकादिमणिखचितरसनानां। शशाङ्कभासां चन्द्रकान्तीनां। प्रमदाजनानां कामिनीजनानां। कुसुमानितानां पुष्पनम्राणां। चूतद्रुमाणां आम्रवृक्षाणां। सौभाग्यं सौन्दर्यातिशयं। ददाति।

The Spring lends (additional) charm to the waters of reservoirs, to girdles (inlaid) with gems, to moonlight, to ladies (and) to mango-trees bent with blossoms.

कुसुम्भरागारुणितैर्दुकूलै-
र्नितम्बबिम्बानि वि[4]लासिनीनाम्।
तन्वं[5]शुकैः कुङ्कुमराग[6]गौरै-
रलंक्रियन्ते स्तनमण्डलानि ।। 4 ।।

कुसुम्भेति। कुसुम्भरागारुणितैः कुसुम्भस्य रागेण अरुणितैः रक्तीकृतैः। दुकूलैः पट्टवस्त्रैः। वसन्तोत्सवे तथाविधनेपथ्यस्यावश्यकत्वात्। उक्तं च रत्नावल्याम् 'कौसुम्भरागरुचिरस्फुदंशुकान्ता' इति। विलासिनीनां। नितम्बबिम्बानि। तथा कुङ्कुमरागगौरैः कुङ्कुमरागेण काश्मीरजरङ्गेण गौरैः पीतैः।'गौरः पीतेऽरुणे श्वेते' इति मेदिनी। तन्वंशुकैः सूक्ष्मवस्त्रैः। स्तनमण्डलानि। अलंक्रियन्ते।

The round hips of amorous ladies are adorned with silken garments reddened by the colour of *kusumbhaca* (and their) round breasts with thin garments reddened by the colour of saffron.

---

cold reason. मणिमेखला–*f.* मणिभिः खचिता मेखला (girdle) ; the reason of their सौभाग्य is स्त्रीभि; कटिदेशे धारणम् in the cold season these were not worn : *cf.* काञ्चीगुणैः काञ्चनरत्नचित्रैर्नो भूषयन्ति प्रमदा नितम्बम्. IV. 4. शशाङ्कभास्–*f.* 'light of the moon' ; he reason of its सौभाग्य is रात्रौ संसेव्यत्व, which was not possible in the cold season ; *cf.* न हर्म्यपृष्ठं शरदिदुनिर्मलम् IV. 3. प्रमदाजनानाम्– the reason of their सौभाग्य is सातिशयोपभोगक्षमत्व ; *cf.* वसन्ते द्विगुणः कामः। चूतद्रुमाणाम्–the reason of सौभाग्य is नवपल्लववत्स; *of* जीविदसव्वं वसन्तमासस्स। दिट्ठोसि चूदकोरअ Śāk. VI. 2. कुसुमानि°–Read कुसुमानतानां ; the reading कुसुमन्वितानाम् does not so prominently express the idea of abundance. ददाति–*scil.* (अधिकतरं) सौभाग्यम् these things, are always beautiful, but they appear to be more so in वसन्त. सौभाग्यं, beauty, charm, सुभगस्य (śl.22) भावः। सौन्दर्यमिति यावत् ; *cf.* हिमं न सौभाग्यविलोपि जातम् Kum. I. 3.

4. कुसुम्भ–*see* note on I. 24. *Cf.* also कौसुम्भरागरुचिरस्फुरदंशुकान्ता Ratn. I.19.

---

1. कुसुमान्वितानां।
2. तनोति।
3. सौरभ्यम्।
4. नितम्बिनीनाम्।
5. रक्तांशुकैः।
6. पिञ्जरैः।

कर्णेषु योग्यं नवकर्णिकारं
[1]चलेषु नीलेष्वलकेष्व[2]शोकम्।
[3]पुष्पं च फुल्लं नव[4]मल्लिकायाः
[5]प्रयान्ति कान्ति [6]प्रमदाजनानाम्।। 5।।

कर्णेष्विंति। प्रमदाजनानां कर्णेषु श्रोत्रेषु। योग्यं अनुरूपं। नवकर्णिकारं नूतन-कर्णिकारपुष्पं। चलेषु चञ्चलेषु। नीलेषु श्यामेषु। अलकेषु केशेषु। अशोकं अशोकपुष्पं। नवमल्लिकायाः फुल्लं पुष्पं च। सर्वत्र जात्यभिप्रायेणैकवचनम्। कान्तिं शोभां। प्रयान्ति। प्रमदाङ्गस्थितानि तान्यतीव शोभन्त इति भावः।

The befitting new *karṇikāra* blossoms appear beautiful in the ears of women, as also (do) the *aśoka* flowers (and) the opened buds of *navamallikā* in (their) black, wavy hair.

स्त[7]नेषु हाराः सितचन्द्रानार्द्रा
भुजेषु [8]सङ्गं वलयाङ्गदानि।

तन्वंशुकैः–(*see* I. 7)—the other reading रक्तांशुकैः repeats in रक्त the sense of गौर and hence तन्वंशुकैः is preferred. कुङ्कुम–*see* V. 9. गौर–*adj.* reddish-yellow; *cf.* the meaning at I. 26. and III. 4.

5. **योग्यं**–deserving of that honour. कणिकार–*n.* the flower of the *Karṇikāra* tree (Mar. पांगारा according to Maheśvara) put on the ears as ornaments ; *cf.* Kum. III. 28 (where Kālidāsa mourns its smellessness) for the appearance of these flowers in Spring. अलकेषु–*cf.* note on III. 19. अशोक–*n.* the flower of the *aśoka* tree. फुल–*see* note on III. 26. नवमल्लिका–or नवमलिका, is a flowery shrub called बटमोगरा in Mar. प्रयान्ति कान्तिं–'appear beautiful' as occupying proper places.

---

1. स्तनेषु हाराः। केशेषु।
2. अशोकैः।
3. शिखासु फुल्लाः। शिखासु मालाः। सुखासु पुष्पम्।
4. नवमल्लिकाश्च। नवमालिकाश्च।
5. प्रयान्ति शोभां–सङ्गम्।
6. प्रमदाजनस्य। वनिताजनस्य।
7. कुचेषु।
8. कम्बूलयादाङ्गनि। चञ्चद्वलयाङ्गदानि। मुखेषु ताम्बूल-कर्पूर-सुगन्धितवाताः।

प्रयान्त्यन[1]ङ्गातुरमानसानां
नित[2]म्बिनीनां जघनेषु काञ्च्यः ॥ 6 ॥

स्तनेष्विति। अनङ्गातुरमानसानां अनङ्गेन मदनेनातुराणि व्याकुलानि मानसानि यासां तासां। नितम्बिनीनां। स्तनेषु। सितचन्द्रनार्द्राः सितचन्दनेन आर्द्राः क्लिनाः। हाराः मौक्तिकहाराः। भुजेषु। वलयाङ्गदानि कङ्कणकेयूरकाणि। जघनेषु कटिपुरोभागेषु। काञ्च्यः रसनाः। सङ्गं संश्लेषम्। प्रयान्ति प्राप्नुवन्ति।

Women whose hearts are eager with passion put pearl-necklaces wet with white sandle-paste on (their) breasts, bracelets and armlets on (their) arms, (and) girdles on (their) hips.

सपत्रलेखेषु विलासिनीनां
[3]वक्त्रेषु हेमाम्बुरुहोपमेषु।
र[4]त्नान्तरे मौक्तिकस[5]ङ्गरम्यः
स्वे[6]दागमो विस्तरतामुपैति ॥ 7 ॥

सपत्रेति। विलासिनीनां। सपत्रलेखेषु पत्रलेखासहितेषु। हेमाम्बुरुहोपमेषु सुवर्ण-पङ्कजसदृशेषु। वक्त्रेषु वदनेषु। रत्नान्तरे रत्नानां भिन्नजातीयरत्नानामन्तरे अवकाशे। मौक्तिकसङ्गरम्यः मौक्तिकसंसर्ग इव रम्यः रमणीयः। स्वेदागमः घर्मप्रादुर्भावः। विस्तरताम्। उपैति प्राप्नोति। भिन्नजातीयरत्नावल्यां मौक्तिकसंसर्गेण यथा रमणीयता दृश्यते तथा पत्रलेखास्थितनानावर्णेषु स्वेदोद्गमेनेति भावः।

On women's faces having leafy decorations (and) resembling golden lotuses, he (drops of) perspiration, appearing, spread, beautiful like the setting of pearls amidst gems.

---

6. Construe हाराः सङ्गं प्रयान्ति and so on. वलयाङ्गदानि—*see* IV. 3 and notes आतुर–*adj. lit.*,'diseased' 'pained' ; hence, agitated, rendered impatient. जघन-*n. see* V. 14.

7. सपत्रलेखेषु–*see* IV. 5. हेमाम्बुरुहो°–*cf.* कनककमलकान्तैः वदनबिम्बैः V. 13. रत्नान्तरे

---

1. निःशङ्क–निःसङ्ग–मनङ्गसौख्यम्।
2. विलासिनीनाम्।
3. मुखेषु।
4. स्तनान्तरे। रत्यन्तरे। रतान्तरे।
5. सङ्गजातः। सङ्गतुल्यः। तुल्यरूपः।
6. स्वेदोद्गमः।

उ[1]च्छ्वासयन्त्यः श्लथबन्धनानि
गात्राणि कंदर्पसमाकुलानि।
समीपवर्तिष्व[2]धुना प्रियेषु
समुत्सुका एव भवन्ति नार्यः॥ 8॥

उच्छ्वासयन्त्य इति। कन्दर्पसमाकुलानि कन्दर्पेण मदनेन समाकुलानि व्याकुलानि। अत एव श्लथबन्धनानि श्लथानि गलितानि बन्धनानि सन्धिबन्धा येषां तानि। गात्राणि अङ्गानि उच्छ्वासयन्त्यः सोत्साहं कुर्वन्त्यः। नार्यः। अधुना अस्मिन्वसन्तकाले इत्यर्थः। प्रियेषु स्वकान्तेषु। समीपवर्तिषु संनिहितेषु। समुत्सुका एव भवन्ति समुत्कण्ठिता एव भवन्ति। वसन्तस्य अतीव कामोद्दीपकत्वादिति भावः॥

Loosening (still more) in the presence of (their) lovers (the garments on) their limbs, distressed by Love, whose knots had become untied, women now become very much full of desire.

मौक्तिकसङ्गरम्य–is a सापेक्षसमासः 'As beautiful as the setting of pearls amidst (other) gems. 'The gems are of various colours, red, blue etc., and the pearls are white ; the पत्रलेखाs are painted with various dyes (musk, saffron etc.) on the faces which are golden-yellow,and the white drops of perspiration are like so many मौक्तिकs. This is a well-sustained comparison. स्वेदागमः–'The appearance (on the face of the drops of) perspiration.' विस्तरतामुपैति–*i.e.*, the drops appear more and more, in large numbers.

8. **उच्छ्वासयन्त्यः**–Relaxing ; उच्छ्वस् *Caus.* 'to loose ;' *cf.* दशमुखभुजोच्छ्वासिप्रस्थसंधेः ; Meg. I, 62 and प्रियतमभुजोच्छ्वासितालिङ्गितानाम् *ibid.*, II. 9 ; loosening of the बन्धनs i supposed to be significant of the access of desire. श्लथबन्धनानि the knots of the various garments worn on the limbs, such as कञ्चुकी etc., and become श्लथ (loose) owing to the heat, intensified by passion, and they were loosening them still more. गात्राणि we have to take this by लक्षणा to mean गात्रस्थितवस्त्राणि. Or with the Commentator we can take उच्छ्वासयन्तयः to mean 'energizing,' invigorating. In this case बन्धनानि will mean the joints of (the limbs). एव—is here use to give emphasis on समुत्सुकाः समुत्सुकाः एव 'very much full of औत्सुक्य'.

---

1. उल्लासयन्त्यः।
2. आप कार्मुकेषु–कामुकषु।

[1]तनूनि पाण्डूनि मदा[2]लसानि
मुहुर्मुहुर्जृम्भणतत्पराणि।
अङ्गा[3]न्यनङ्गः प्रमदाजनस्य
करोति लाव[4]ण्यससंभ्रमाणि।। ९।।

तनूनीति। अनङ्गः कामः। प्रमदाजनस्य वनिताजनस्य। लावण्यससंभ्रमाणि लावण्येन ससंभ्रमाणि सत्वराणि। चञ्चलानीति यावत्। अङ्गानि गात्राणि। तनूनि कृशानि। पाण्डूनि पाण्डूराणि। मदालसानि मदेन अलसानि जडानि। मुहुर्मुहुः वारं वारं। जृम्भणतत्पराणि जृम्भिकासक्तानि करोति।

Cupid makes the limbs of women thin, pale, languid with passion, given to stretching repeatedly, (and) flurried with beauty.

नेत्रेषु [5]लोलो [6]मदिरालसेषु
गण्डेषु पाण्डुः कठि[7]न स्तनेषु।

---

9. मदालसानि–*lit.* 'lazy from the drunkenness (of love),' 'languid with passion.' The other reading समन्थराणि is faulty as मन्थर is not met with as a noun. जृम्भण–*n.* 'yawning,' or 'stretching'. अनङ्ग–*m.*, the *Bodiless* one; an epithet of काम (so called because he was made bodiless by a flash from the eye of Śiva ; *see* Kum. III. 72 and IV. 42) ; called similarly वितनुः at VI. 28. लावण्य°–'flurried with (the sense of) their beauty ; full of excitment on account of their beauty.

10. लोल–*adj.* 'tremulous' –मदिरालस *adj.* 'langiud, under the influence of wine which they had drunk. गण्ड–*m.* he cheek ; *cf.* आननैः पाण्डुगण्डैः Mics. 9. मध्येषु निम्नः–this refers to their निम्ननाभित्व (V. 12). The meaning is—all these things excited passion. These are also regarded as marks of feminine beauty *cf.* तन्वी श्यामा शिखरिदशना etc., Meg. II. 22.

---

1. घनानि।
2. सुकम्पितानि। समन्थराणि।
3. अमान्य।
4. रसात्सुकानि। रसोत्तराणि। असौ प्रोषितभर्तृकस्य।
5. लोलं। अलोलः।
6. मदिरारसेषु।
7. कठिनस्तनेषु।

मध्येषु निम्नो[1] जघनेषु पीनः
स्त्रीणामनङ्गो बहुधा[2] स्थितोऽद्य।। 10।।

नेत्रेष्विति। अद्य अस्मिन्वसन्ते। अनङ्गः कामः। स्त्रीणां। इदं प्रत्येकं सप्तम्यन्तविशेष्यते संबध्यते। मदिरालसेषु मदिरया अलसेषु मन्देषु। नेत्रेषु। लोलः चञ्चलः। गण्डेषु पाण्डुः। स्तनेषु कठिनः। मध्येषु कटिभागेषु। निम्नः कृश इति यावत्। जघनेषु पीनः स्थूलः। एवमिति शेषः। बहुधा अनेकप्रकारेण स्थितः। अत्र लोलत्वादिहेतोर्मदनस्य लोलत्वाद्यभेदवर्णनाद्धेत्वलंकारः। 'हेतुहेतुमतोरैक्यं हेतुं केचित्प्रक्षते' इति तल्लक्षणात्।

To-day Cupid is variously stationed:–tremulous in women's eyes, languid with wine ; pale in (their) cheeks ; hard in (their) breasts ; deep in (their) waists ; (and) plump in (their) hips.

अङ्गानि निद्रालसविभ्र[3]माणि
वाक्यानि किंचि[4]न्मदिरालसानि।
भ्रूक्षेपजिह्मानि च[5] वीक्षितानि
च[6]कार कामः प्रमदा[7]जनानाम्।। 11।।

अङ्गानीति। कामः। प्रमदाजनानां। अङ्गानि गात्राणि। निद्रालसविभ्रमाणि निद्रा अलसः विभ्रमाः विलासाश्च येषु तादृशानि। वाक्यानि। किंचिन्मदिरालसानि। किंचिन्मदलालसानीति पाठे किंचिन्मदः लालसा उत्सुकता च येषु तादृशानि। 'लालसौत्सुक्यतृष्णातिरेकयाञ्चासु' इति मेदिनी। वीक्षितानि विलोकितानि च भ्रूक्षेपजिह्मानि भ्रूक्षेपेण भ्रूविलासेन जिह्मानि वक्राणि चकार।

Love has made women's limbs sleepily indolent in their movements, words slightly languid with wine, and glances crooked on account of the elevation of the eye-brows.

---

11. निद्रालस°–निद्रया अलसाः विभ्रमाः 'movements' येषां तानि। or विभ्रम may mean grace, beauty ; charming on account of drowsiness and langour. मदिरालसानि–is preferred to the other reading. मदलालसानि which does not yield a god sense. भ्रूक्षेप°–भ्रुवोः क्षेपः (elevation) तेन जिह्मानि (crooked).

---

1. नम्रः।
2. बहुशः।
3. विह्वलानि। लसितानि नित्यम्।
4. मदसालसानि। मदलालसानि।
5. विलोचनानि।
6. करोति।
7. प्रमदोत्तमानाम्। प्रमदाजनस्य।

प्रियङ्गुकालीयककुङ्कु[1]माक्तं
स्त[2]नेषु गौरेषु विलासिनीभिः।
आ[3]लिप्यते चन्दनमङ्गनाभि-
र्मदालसाभिर्मृगनाभियुक्तम्॥ 12॥

प्रियङ्ग्वति। मदालसाभिः मदेन अलसाभिः। विलासिनीभिः विभ्रमवतीभिः। अङ्गनाभिः। गौरेषु स्तनेषु। प्रियङ्गुकालीयककुङ्कुमाक्तं प्रियङ्गुः सुगन्धिबीजाविशेषः कालीयकं कृष्णागुरु कुङ्कुमं काश्मीरजं तैः आक्तं मिश्रितं मृगनाभियुक्तं मृगनाभ्या कस्तूर्या युक्तं सहितं चन्दनं आलिप्यते।

Amorous women languid with passion rub over (their) white bosoms sandal-paste mixed with *priyaṅgu*, *kālīyaka*, saffron and musk.

गुरूणि वासांसि विहाय तू[4]र्णं
तनूनि लाक्षारसरञ्जितानि।
सु[5]गन्धिकालागुरुधूपितानि
धत्ते जनः काममदालसाङ्गः[6]॥ 13॥

गुरूणीति। काममदालसाङ्गः कामस्य मदेन अलसान्यङ्गानि यस्य सः। जनः। तूर्णं सत्वरं। गुरूणि। वासांसि। विहाय त्यक्त्वा। लाक्षारसरञ्जितानि लाक्षारसेन आलक्तकरसेन रञ्जितानि। सुगन्धिकालागुरुधूपितानि सुगन्धिना शोभनगन्धवता कालागुरुणा धूपितानि वासितानि। तनूनि सूक्ष्माणि। धत्ते। इदं वर्णनं प्रथमसर्गस्थ सप्तमश्लोकवर्णनानुगुणम्।

(Women–) folk, their bodies languid through the intoxication of love, quickly put off heavy garments (and) put on thin ones dyed with lac-resin (and) perfumed with the incense of fragrant black *aguru*.

---

12. प्रियङ्गु–*f.* (different from the plant of this name occurring at IV. 10) is a kind of fragrant seed. कालीयक—*see* IV. 5. कङ्कुम–*see* V. 9. अक्त–*p.p.* of अञ्ज् 7 P. to anoint. मदालसाभिः–*see* sl. 9, notes मृगनाभिः–*m.* 'deer's navel'—musk, which is found in the navel of a particular species of deer.

13. लाक्षारस°–*see* notes on I. 5. कालागुरु–*see* II. 21. धूपित–*see* notes IV. 5. जनः–*i.e.*, प्रमदाजनः काम°–कामस्य मदेन अलसं अङ्गं यस्य सः।

---

1. कुङ्कुमानि।
2. स्तनाङ्गरागेषु विसर्जितानि। विचर्चितानि।
3. आलिख्यते। आसेव्यते।
4. सांप्रतम्।
5. शिरांसि। नितान्त।
6. कामशरानविद्धः। °लसाङ्गे।

पुंस्कोकिल[1]श्चूतरसासवेन
मत्तः प्रियां चुम्बति रागहृष्टः।
कूज[2]द्द्विरेफोऽप्य[3]यमम्बुजस्थः
प्रिय[4] प्रियायाः प्रकरोति चा[5]टु।। 14।।

पुंस्कोकिल इति। चूतरसासवेन चूतरसः आम्ररस एवासवः मद्यं तेन। मत्तः क्षीबः। पुंस्कोकिलः दुमांश्चासौ कोकिलश्च। परभृत इत्यर्थः। रागहृष्टः प्रेममुदितः सन्। प्रियां प्रेयसी। चुम्बति। अम्बुजस्थः कमलस्थितः। अयं कूजद्द्विरेफोऽपि गुञ्जन्भ्रमरोऽपि। प्रियायाः कान्तायाः। प्रियं। चाटुमिथ्याश्लाघां प्रकरोति। एतदनुरूपं वर्णनम् अत्रैव स॰ 2 श्लोक 6।

The male cuckoo, intoxicated with the liquor of the juice of mango-blossoms kisses with passionate joy his mate; this humming bee in the lotus, too, is doing agreeable and liked things for his beloved.

ता[6]म्रप्रवालस्तबकावनम्रा-
श्चूतद्रुमाः पुष्पितचारुशाखाः।

---

14. **पुंस्कोकिल**–*m.* the male of the Indian cuckoo. Der. पुमान्कोकिकलः। *cf.* चूताङ्कुरास्वादकषायकण्ठः पुंस्कोकिलो यन्मधुरं चुकूज। Kum. III. 32. चूतरसासवेन–चूतरसः एवासवः (IV. 11) तेन रागहृष्टः–रागेण हृष्टः। द्विरेफ *see* III. 6, notes चाटु–*n.* an agreeable word or act. The meaning is that not only mankind but even the lower creation feels the power of love ; *cf.* मधु द्विरेफः कुसुमैकपात्रे पपौ प्रियां स्वामनुवर्तमानः। शृङ्गेव च स्पर्शनिमीलिताक्षीं मृगीमकण्डूयत कृष्णसारः। Kum. III. 36.

15. **प्रवाल**–*See* III, 18 स्तबक–*m.* a cluster of blossoms, पुष्पित॰–पुष्पाणि संजातान्यासामिति पुष्पिताः। पुष्पिताः अत एव चारवः शाखाः येषां ते कामं– *ind.* 'exceedingly'– to be construed with पर्युत्सुकं कुर्वन्ति।

---

1. चूतरसेन मत्तः प्रियामुखं चुम्बति सादरोऽयम्।
2. गुञ्जन्।
3. अधिकः प्रमत्तः।
4. क्षिप्रम्। प्रियः।
5. चाटुम्। क्षिप्रम्।
6. प्रवालस्तबकावतंसाः। प्रवालताम्र॰।

कुर्वन्ति कामं[1] पवना[2]वधूताः
[3]पर्युत्सुकं मानसमङ्गनानाम् ।। 15 ।।

ताम्रप्रवालेति। ताम्रप्रवालस्तबकावनम्राः ताम्रैरारक्तैः प्रवालस्तबकैः पल्लवगुच्छैः अवनम्राः। पुष्पितचारुशाखाः पुष्पिताः संजातपुष्पाश्चारुशाखा येषां ते। पवनावधूताः मारुतचालिताः। चूतद्रुमाः। आम्रवृक्षाः। अङ्गनानां कामिनीनां। मानसं। कामं पर्याप्तं। पर्युत्सुकं। कुर्वन्ति।

The mango-trees, bent with the clusters of reddish sprouts, with (their) branches covered with blossoms and (looking) beautiful, being shaken by breezes, kindle ardent desires in women's hearts.

आ मूलतो विद्रुमरागता[4]म्रं
स[5]पलवाः पुष्पचयं दधानाः।
कुर्वन्त्यशोका हृदयं सशोकं
निरीक्ष्यमाणा नवयौवनानाम् ।। 16 ।।

आमूलत इति। आ मूलतः। मूलादारभ्य। विद्रुमरागताम्रं विद्रुमरागवत्प्रवाल-रागवत्ताम्रमारक्तं। पुष्पचयं पुष्पनिकरं। दधानाः धारयन्तः। अशोकस्य मूलतः एव कुसुमोद्गमो भवतीति प्रसिद्धिः। कुमारसंभवे। असूत सद्यः कुसुमान्यशोकः स्कन्धात्प्रभृत्येव सपल्लवानि इति स० 3-26। सपल्लवाः पल्लवसहिताः। अशोकाः। नवयौवनानां नवयुवतीनां। हृदयं। सशोकं कुर्वन्ति। प्र० रा० अ० 6 'अये कथमशोकोऽपि ममायं शोकतां गतः' इति।

The *aśoka* trees, putting forth sprouts (and) bearing from the root (upwards) countless blossoms red like the colour of coral, make, when observed, the hearts of women just come into youth *saśoka* (sorrowful).

---

16. **आ मूलत**–the *Aśoka* tree bears blossoms from the very roots ; *cf.* अमूत सद्यः कुसुमान्यशोकः स्कन्धात्प्रभृत्येव सपल्लवानि Ku. III. 26. विद्रुम–*m.* coral (Mar. पोंवळें) so called because it has got a peculiar tree-like appearance. विशिष्टो द्रुमः विद्रुमः। अशोकाहृदयं सशोकं कुर्वन्ति–because the blossoms of the red *Aśoka*

---

1. कान्ते। सान्द्राः।
2. पवनाभिभूताः।
3. समुत्सुकम्। पर्युत्सुकत्वं–समुत्सुकत्वं–मनसः।
4. ताम्राः।
5. सपल्लवम्।

मत्तद्विरेफपरिचुम्बिचारुपुष्पा
मन्दानिलाकुलितन[1]म्रमृदुप्रवालाः।
कुर्वन्ति कामिम[2]नसां सहसोत्सुकत्वं
[3]चूताभिरामकलिकाः समवेक्ष्यमाणाः॥ 17॥

मत्तेति। मत्तद्विरेफपरिचुम्बितचारुपुष्पाः मत्तद्विरेफैः मत्तभ्रमरैः परिचुम्बितानि आलीढानि चारुपुष्पाणि यासां ताः। मन्दानिलाकुलितनम्रमृदुप्रवालाः मन्दानिलेन आकुलितानि व्यस्तानि नम्राणि मृदुप्रवालानि कोमलपल्लवानि यासां ताः। समवेक्ष्यमाणाः विलोक्यमानाः। चूताभिरामकलिकाः चूतस्याम्रवृक्षस्य अभिरामाः सुन्दराः कलिकाः मञ्जर्यः। कामिमनसां। सहसा उत्सुकत्वं औत्सुक्यं कुर्वन्ति।

The young *atimukta* creepers, whose lovely blossoms are sucked by intoxicated bees (and) whose tender sprouts are waved and bent by the gentle breeze, violently excite, when observed, the minds of lovers.

---

create a longing (*cf.* the quotation "....रक्तोऽत्र स्मरवर्धनः' given by Malli. on Meg. II. 18.) ; they are therefore considered as one of the arrows of Kāma ; see *supra* notes on VI. 1. In addition to a pleasing alliteration there is in this verse a pun on the word अशोक which literally means 'driving awa sorrow' (न शोकोऽस्मात्) and hence is not expected to make any one सशोक. This particular pun is of frequent occurence in literature ; *cf.* 'रक्तस्त्वं नवपल्लवैरहमपि श्लाघ्यैः प्रियाया गुणैः........सर्वं तुल्यमशाके केवलमहं धात्रा सशोकः कृतः' Mahānāṭaka. V. 2.4 ; अये कथमशोकोऽपि ममायं शोकतां गतः, Pras. Rāgh. VI ; also 'विशोकां कुरु मां क्षिप्रमशोक प्रियदर्शन। . . . . यथा विशोका गच्छेयमशोकनगत्कुरु। सत्यनामा भवाशोक मम शोकविनाशनात्। Mahābhārata, III. 61. 104, 107. This verse is quoted in the Subhāṣitāvali (No. 1674) under the name of Kālidāsa. (Petersons text reads °ताम्राः सपल्लवं . . .गतवल्लभानाम् ; the notes gives the reference wrongly).

17. द्विरेफ–*see* III. 6. परिचुम्बित–*scil.* for honey. प्रवाल–*see* III. 18. बालातिमुक्तलतिकाः–बालाश्च ता अतिमुक्तलतिकाश्च ताः। The अतिमुक्ता is a tender creeper, also known as माधवी (Vik. II. 4) having white flowers (Mar. कस्तुरमोगरा) and blossoming in the spring. The other reading चूताभिरामकलिकाः is to be rejected because the कलिकाs cannot very well be said to have पुष्पs and प्रवालs (V.1 and 2). Correct the text accordingly.

---

1. चारु। चारुतर।
2. मानसश्च समुत्सुकत्वम्।
3. चूताविमुक्तकलिका:। वालातिमुक्तलतिका:।

का[1]न्तामुखद्युतिजुषामचिरोद्‌गतानां
शोभां परां कुरबकद्रुममञ्जरीणाम्।
दृष्ट्वा प्रिये सहृ[2]दयस्य भवेन्न कस्य
कंदर्पबाण[3]पतनव्यथितं हि चेतः ।। 18 ।।

कान्तामुखेति। कान्तामुखद्युतिजुषां कान्तामुखानां कामिनीवदनानां द्युतिं कान्तिं जुषन्ते तेषां। अचिरोद्‌गतानां सद्यः प्रादुर्भूतानां कुरबकद्रुममञ्जरीणां लोके 'कोरांटी' इतिप्रसिद्धवृक्षकलिकानां। परां श्रेष्ठां। शोभां। दृष्ट्वा। कस्य। सहृदयस्य समनस्कस्य। चेतः चित्तं। कंदर्पबाणपतनव्यथितं कंदर्पस्य बाणपतनेन शरपातेन व्यथितं दुःखितं। न भवेत् सर्वस्यापि भवेदित्यर्थः। हिः पादपूरणे।

Having seen the great beauty of the blossoms of the *kurabaka* tree, newly appearing, (and) having the loveliness of the faces of women, the heart of what sensitive man, dear would not be pained with the fall of Cupid's arrows?

आदीप्तवह्निसदृशैर्म[4]रुताऽवधूतैः
सर्वत्र किंशुकवनैः कुसुमावन[5]म्रैः।

---

18. जुष्–(from जुष् 6 A. to attach oneself to) is used at the end of comp. with the force of a possessive affix (*cf.* रजोजुषे जन्मनि Kād. 1). They 'take, possess, the beauty of their faces,' because the faces are red and resemble therefore the *Kurabaka* blossoms. अचिरोद्‌गतानाम्–is better than अपि चोद्‌गतानाम् as it directly refers to the freshness of the flowers which is necessary to make them कान्तामुख°. कुरबक—*m.* is a plant (Mar. कोरांटी) with *red* blossoms; *cf.* Misc. 10 ; and स्त्रीनखपाटलं कुरबकं Vik. II. 7. for मञ्जरी *see* II. 20. प्रिये–*see* note, I. 1. कस्य न भवेत्–*i.e.*, सर्वस्यापि भवेदित्यर्थः। हि is merely an expletive. (पादपूरणे).

19. आदीप्तवह्निसदृशैः–because the flowers of the किंशकु tree (Mar. पळस) are very red in colour ; *see* note on the next stanza मरुतावधूतैः–As there is such a word as. मरुत *m.* meaning 'wind', this can be taken also as an inster. Tatpur. वसन्तसमयेन–is better than the other reading वसन्तसमये हि which contains an unnecessary expletive. Construe वसन्तसमयेन किंशुकवनैः समाचिता.

---

1. कान्तामुखं द्युतिमनोहरमुद्धतानाम्। कान्ताननद्युतिमुषामपि चोद्‌गतानां। नानामुखद्युतिजुषामपि चोद्‌गंतानाम्। कान्तामुखद्युतिनिभाम्।
2. हि पथिकस्य। प्रियतमारहितस्य पुंसः।
3. पतन–पवन–व्यथितम्।
4. रपिपारिजातैः। पवनावधूतैः।
5. कीर्णैः।

सद्यो वसन्तसमयेन [1]समाचितेयं
रक्तांशुका[2] नववधूरिव भाति भूमिः ।। 19 ।।

आदीप्तेति। वसन्तसमयेन। सर्वत्र सर्वस्मिन्स्थले। आदीप्तवह्निसदृशैः आदीप्तेन प्रदीप्तेन वह्निना सदृशैस्तुल्यैः। मरुता वायुना। अवधूतैः कम्पितैः कुसुमावनम्रैः कुसुमैः अवम्राणि अवनतानि तैः। किंशुकवनैः पलाशकाननैः। समाचिता व्याप्ता। इयं पुरोदृश्यमाना। भूमिः सद्यः सपदि। रक्तांशुका रक्तं आरक्तमंशुकं वस्त्रं यस्याः सा। नववधूरिव नवोढेव। भाति शोभते।

Covered all at once everywhere by the vernal season with *kiṁśuka* groves, bent with blosssoms, waved by winds, (and) resembling blazing fire, this earth appears like a new (-ly wedded) bride with red garments.

किं किंशुकैः शुकमुखच्छविभिर्न भि[3]न्नं
किं कर्णिकारकुसुमैर्न कृ[4]तं नु दग्धम्।
यत्कोकिलः[5] [6]पुनरयं मधुरैर्वचोभि-
र्यूनां मनः सुव[7]दनानिहितं निहन्ति।। 20 ।।

किमिति। सुवदनानिहितं शोभनानि वदनानि यासां तासु निहितं स्थापितं। यूनां तरुणानां। मनः। शुकमुखच्छविभिः शुकमुखस्य छविरिव छविर्येषां तैः। किंशुकैः पलाशपुष्पैः न भिन्नं किं। अपि तु भिन्नमेवेत्यर्थः। तथा कर्णिकारकुसुमैः कर्णिकारस्य परिव्याधस्य लोके 'पांगारा' इति प्रसिद्धस्य वृक्षस्य कुसुमैः पुष्पैः दग्धं न कृतं नु। अपि तु दग्धमेव। अयं नुःप्रश्नार्थकः। 'नुःपृच्छायां' इत्यमरः। यत् यस्मात्कारणात् कोकिलः। पुनः वारं वारं। मधुरैः। वचोभिः। निहन्ति हिनस्ति। प्रागेव हतस्य हननमयुक्तमिति भावः।

Is it not pierced by *kiṁśuka* flowers, bright as the beaks of parrots, (and) is it ot burnt by the blossoms of *karṇikāra*, that this male cuckoo should again by sweet notes strikes the hearts of young men thinking of (their) mistresses?

This verse is quoted in the Subhāṣitāvali (No. 1678) under Kālidāsa where Peterson's text reads °सदृशैरपयातपत्रैः . . . .समागतेयम्।

20. किं etc. —what is meant is that the heart is already sufficiently

---

1. हि समागतेयम्। समुपगति हि च। वसन्तत्रृतुनाधिगता नितान्तम्।
2. रक्तांशुकैः।
3. च दग्धम्। न दग्धम्।
4. कृतं मनोज्ञम्। कृते च दग्धम्। हतं मनोज्ञैः।
5. कोकिलाः।
6. पुरुरवैः। पुनरमी।
7. सुवदने नियतं नियतं हरन्ति-दहन्ति।

पुंस्कोकिलैः क[1]लवचोभिरुपात्तहर्षैः
कूजद्भिरुन्मदकानि [2]वचांसि भृङ्गैः।
लज्जान्वितं सविनयं हृदयं क्षणेन
[3]पर्याकुलं कुलगृहेऽपि कृतं वधूनाम्।। 21।।

पुंस्कोकिलैरिति। उपात्तहर्षैः प्रहृष्टैः। पुंस्कोकिलैः परभृतैः। कलवचोभिः अव्यक्तमधुरशब्दैः। तथा उन्मदकलानि उन्मदेन उद्गतमदेन कलानि मधुराणि। वचांसि। कूजद्भिः। भृङ्गैः भ्रमरैः। लज्जान्वितं लज्जया त्रपया अन्वितं युक्तं। सविनयं विनयेन सहितं युक्तं। वधूनां नवोढानां 'वधूः स्त्री शारिवौषधौ। स्नुषा शठी नवोढासु' इति मेदिनी। हृदयं कुलगृहेऽपि कुलमर्यादापालकगृहेऽपि। शाकपार्थिवादित्वात्समासः कुलस्त्रीतिवत्। क्षणेन पर्याकुलं व्याकुलं। कृतम्।

By male cuckoos delightedly singing in indistinct notes (and) by bees humming intoxicated, sweet sounds, ladies' modest and bashful hearts are perturbed in a moment, even in respectable houses.

आकम्पयन्कु[4]सुमिताः सहकारशाखा
विस्तारयन्परभृ[5]तस्य वचांसि दिक्षु।

paindat the sight of these flowers and does not need such additional exciting things as कोकिलरुत. किंशुक–*n.* the flower of the *Kiṁśuka* tree. The comparison to the parrot,s beak is very vivid inasmuch as the *kiṁśuka* flowers which are red are curved like शुकमुख (*cf.* बालेन्दुवक्राणि Kum. III. 29); the popular etymology of किंशुक is also किंचित् शुक इव, शुकतुण्डाभपुष्पत्वात्. *Cf.* क्वचित्किंशुककुसुमकुड्मलैः शार्दूलानामिव सरुधिरैर्नखरैः Kād. p. 224. कर्णीकार–*See* Śl. 5. किं नु–is a stronger interrogation than किम् and is appropriate in the secone line. सुवदना–'having a beautiful face'—a generic term for a beautiful woman.

21. Note the alliteration in °किलैः कल° and in °कुलं कुल°. पुंस्कोकिल–see Śl. 14. कल—see III. 20. उपात्त–(*pp.* of उप+आ+दा 3. U. To give) 'taken.' उन्मदकलानि–उन्मदानि च तानि कानि च। र्याकुल–*adj.* troubled. कुलगृह–*n.* 'a nobel house' a respectable house where what is known as कुलीनता must prevail. What is meant is that not only voluptuous women but even virtuous ladies come to feel the all-pervading power of love.

22. सहकार–*m.* the mango-tree. परभृत–*m. Lit.* 'nourished by another' (*cf.* अन्यपुष्ट, Śl. 25) is the Indian cuckoo ; it is supposed to leave its eggs in

1. फलरसैः समुपात्तहर्षैः।
2. विलोचनानि। वचांसि धीरम्। उन्मदकराणि वचांसि पुंसाम्।
3. पर्याकुले।
4. कुसुमितां सहकारशाखाम्।
5. परभृतोऽद्य।

वायुर्विवाति हृदयानि हरन्न[1]राणां
नीहारपातविगमात्सु[2]भगो [3]वसन्ते।। 22।।

आकम्पयन्निति। वसन्ते। नीहारपातविगमात्। नीहारपातस्य तुहिनपातस्य विगमात् अपगमात्। सुभगः सुन्दरः। वायुः। कुसुमिताः संजातकुसुमाः। सहकारशाखाः आम्रशाखाः। आकम्पयन्। दिक्षु। परभृतस्य कोकिलस्य। जातावेकवचनम्। वचांसि। विस्तारयन्। नराणां हृदयानि च हरन् आकर्षयन् सन्। विवाति विशेषेण वाति गच्छति।

Shaking the blossomed branches of the mango-tree and spreading in (all) quarters the notes of the cuckoo, the Spring breeze, charming on account of the cessation of dew-fall, blows, distracting the minds of men.

कुन्दैः सविभ्रमवधूहसितावदातै-
रुद्द्[4]योतितान्युपवनानि मनोहराणि।
चित्तं मुनेरपि हरन्ति निवृ[5]त्तरागं
[6]प्रागेव रागमलिनानि मनांसि [7]यूनाम्।। 23।।

कुन्दैरिति। सविभ्रमवधूहसितावदातैः सविभ्रमाणि सविलासानि यानि वधूहसितानि कामिनिहास्यानि तानीव सितानि तैः। कुन्दैः कुन्दपुष्पैः। कुन्दानां माध्यत्वाच्चिन्त्यमेतत्। उद्द्योतितानि भूषितानि। मनोहराणि। उपवनानि कृत्रिमवनानि। मुनेः तापसस्य निवृत्तरागमपि निवृत्तः रागः अनुरागः यस्मात्तादृशमपि चित्तं हरन्ति। रागमलिनानि अनुरागदूषितानि। यूनां मनांसि। प्रागेव हरन्तीति किमु वक्तव्यमिति भावः। प्रागेवेति किमुतेत्यस्मिन्नर्थे बौद्धग्रन्थे बहुशः प्रयुज्यते। एवमाद्या महात्मानः विषयान् गर्हितानपि। रतिहेतोर्बुभुजिरे प्रागेव गुणसंहितान्। बुद्धचरिते स॰ 4 श्लोक 81।

Lovely gardens resplendent with *kunda* flowers bright as the sportive laugh of ladies, distract even an ascetic's mind, which has seceded from (worldly) attachment: still more so the minds, sullied with passion of young men.

---

the nests of a crow to be hatched by it, the latter being therefore called परभृत्. नीहार॰–नीहारः (*m.* dew) हिमं तस्य पातः तस्य विगमः cessation disappearance, तस्मात्. सुभग–*adj.* 'charming,' from which the abstract noun सौभाग्य in St. 3 is derived.

23. कुन्द–*see* IV. 2. अवदात–(*p.p.* of दै I. P. to purify with अव) 'white'.

---

1. वृधनाम्।
2. विमलो।
3. वनेषु।
4. संशोभितानि।
5. निरस्त।
6. प्रायेण रागचलितानि। प्रागेव रागमखिलानि।
7. पुंसाम्।

[1]आलम्बिहेमरसनाः स्तनसक्त[2]हाराः
कंदर्पदर्पशिथिलीकृतगात्रयष्ट्यः ।
मासे मधौ मधुर[3]कोकिलभृङ्ग[4]नादै-
र्नार्यो[5] हरन्ति हृदयं प्रसभं नराणाम् ।। 24 ।।

आलम्बिहेमरसना इति। आलम्बिहेमरसनाः आलम्बिन्यः लम्बमानाः हेमरसनाः कनकमेखला यासां ताः। स्तनसक्तहाराः स्तनेषु सक्ता आसक्ता हारा यासां ताः। कंदर्पदर्पशिथिलीकृतगात्रयष्ट्यः। कंदर्पदर्पेण मदनोष्मणा शिथिलीकृताः गात्रयष्ट्यो यासां ताः। अथ वा कंदर्पदर्पः मदनाभिमानः शिथिलीकृतो याभिस्तादृश्यो गात्रयष्ट्यो यासां ताः। वाहिताग्न्यादित्वात्परनिपातः। नार्यः। मधौ मासे चैत्रे मासि। मधुरकोकिलभुङ्गनादैः। मधुरैः कोकिलानां भृङ्गाणां च नादैः शब्दैः सह नराणां हृदयं। प्रसभं बलात्कारेण हरन्ति। शब्दैः मधुराः कोकिलभृङ्गशब्दाः यथा बलात्कारेण नराणां हृदयं हरन्ति तथा नार्योऽपीति भावः। सहोक्तिरलंकारः।

With dangling, golden girdles, (and) with pearlstrings lying on (their) breasts, their slender bodies languishing owing to Cupid's intensity, women forcibly distract the minds of men in the month of *Caitra* with (its) sweet sounds of cuckoos and bees.

निवृत्तरागं–निवृत्तः रागः (attachment to worldly objects) यस्मात्तत्। प्रागेव–*lit.*, 'first of all, to be sure;' *i.e.,* when they are so powerful as to distract even sages, who are निवृत्तराग, it is clear that they must influence much sooner ordinary mortals who are रागमलिन as a rule ; so the expression प्रागेव is translatable by 'how much sooner,' 'still more so,' 'how much more' (being equialent to किमुत and in this sense very common in Buddhistic literature ; *cf.* विषयान् गर्हितानपि बुभुजिरे। प्रागेव गुणसंहितान् Bud. Ch. IV. 81. रागमलिनानि–रागेण मलिनानि (stained).

24. आलम्बि°–आलम्बिन्यः (dangling from their waists, becoming loose) हेम्नः रसनाः (*see* III. 3) यासां ताः। दर्प–*m.* 'pride', proud work, havoc, intensity; *cf.* जातकंदर्पदर्पः V. 16 and note thereon. गात्रयष्टीस–*f. see* III. 1; IV. 15; IV. 17. मधु–*m.* the month *Caitra,* of which *Madhu* is an older name. °नादैः–*scil.* उपलक्षिते (मधौ मासे) ; *see* notes on V. 13.

---

1. प्रालम्बि। आलम्ब्य चन्दनरसान्। आलब्धचन्दनरसाः।
2. लग्न।
3. कोमल।
4. रावैः।
5. रामाः।

नानामनोज्ञकुसुमद्रुमभू[1]षितान्ता-
न्हृष्टान्यपुष्टनि[2]नदाकुलसानुदेशान्।
शैलेयजा[3]लपरिणद्धशिला[4]तलान्ता-
न्दृष्ट्वा जनः क्षितिभृतो मुद[5]मेति सर्वः।। 25।।

नानेति। सर्वः। जनः सर्वनाम्नां बुद्धिस्थपरामर्शकत्वात् अवियुक्तो जन इत्यर्थः। नानामनोज्ञकुसुमद्रुमभूषितान्तान् नाना अनेकप्रकारा ये कुसुमयुक्ता द्रुमास्तैर्भूषिता अन्तः पर्यन्तभागा येषां तान्। हृष्टान्यपुष्टनिनदाकुलसानुदेशान् हृष्टाः प्रमुदिता ये अन्यपुष्टाः परभृताः तेषां निनदै रवैः आकुलाः सानुदेशाः शिखरप्रदेशा येषां तान्। शैलेयजालपरिणद्धशिलातलान्तान् शिलायां भवं शैलयं अश्मपुष्पं तस्य जालेन समूहेन परिणद्धाः व्याप्ताः शिलातलान्ताः येषां तान्। क्षितिभृतः। शैलान्। दृष्ट्वा। मुदं हर्षं। एति प्राप्नोति।

All people are gladdened by he sight of mountains whose sites are decked with numerous beautiful flowering plants, the regions of whose summits are full of the notes of delighted cuckoos, (and) the surfaces of whose numerous rocks are covered with thick *śaileya*.

नेत्रे निमील[6]यति रोदिति या[7]ति शोकं
घ्रा[8]णं करेण विरुणद्धि विरौति चोच्चैः।

25. **अन्यपुष्ट** is the same as परभृत (Śl. 22) शैलेय–*n.* is a particular kind of fragrant moss growing out rocks. *See* Malli. on शैलेयगन्धीनि शिलातलानि Rag. VI. 51, or on शैलेयनद्धेषु शिलातलेषु Kum. I. 55. जाल–*n.* 'collection', परिणद्ध–(*p.p.* of परि+नह् to bind) *lit.* 'bound or wrapped with', *i.e.,* covered with. °तलान्तान्–is preferred to the other reading. °तलौघान् as ओघ (a mass of things that can be described as *flowing* or *flying*) is not a good word to be applied to शिलातलs हेम्नक्षितिभृत्–*m.* a mountain (*cf.* भूधर II. 16).

26. **घ्राण**–*n.* 'the nose'. In the course of his lamentation he gesticulates

1. भूषिताग्रान्। पुष्पिताग्रान्। भूषिताङ्गान्। कुसुमोद्गमपुष्पितान्तान्।
2. कुलशोभितसानुदेशान्।
3. जानु।
4. तलौधान्। तलांश्च। गुहान्तान्।
5. समुपैति सर्वान्। मदमेति।
6. निमीलति। विरोदिति।
7. यातिमोहम्। जातमोहान्।
8. घ्राणान्। घ्राणं करेण च निहत्य।

कान्तावियोगपरिखेदित[1]चिंत्तवृत्ति-
र्दृष्ट्वाऽध्वगः[2] कुसुमिता[3]न्सहकारवृक्षान्।। 26।।

नेत्रे इति। कान्तावियोगपरिखेदितचित्तवृत्तिः। कान्तावियोगेन कान्ताविरहेण परितः खेदिता चित्तवृत्तिः यस्य सः। अध्वगः। अध्वानं गच्छतीत्यध्वगः पान्थः। कुसुमितान्। सहकारवृक्षान्। दृष्ट्वा। तद्दर्शनस्य संतापजनकत्वात् नेत्रे निमीलयति। रोदिति शोकं याति। करेण घ्राणं नासिकां। विरुणद्धि। उच्चैः। विरौति च अर्थः सुगमः।

Seeing the mango-trees in blossom, he traveller, whose mental condition is disressed on account of the separation from (his) wife, shuts (his) eyes, weeps, grieves, closes his nose with the hand and laments loudly.

समदमधुकराणां कोकिलानां च नादैः
कुसुमितसहकारैः कर्णिकारैश्च [4]रम्यः।
इषुभिरिव सुतीक्ष्णैर्मानसं मा[5]निनीनां
तुदति कु[6]सुमंमासो म[7]न्मथोद्दीपनाय।। 27।।

समदेति। रम्यः रमणीयः। कुसुममासः मधुमासः। समदमधुकराणां समदा मदसहिता ये मधुकरा भृङ्गास्तेषां। च परं। कोकिलानां नादैः शब्दैः। कुसुमितसहकारैः कुसुमिताः संजातकुसुमा ये सहकारास्तैः। च परं कर्णिकारैः द्रुमोत्पलवृक्षैः। सुतीक्ष्णैः निशितैः इषुभिरिव मानिनीनां मानवतीनां मासं हृदय। मन्मथोद्दापनाय तुदति व्यथयतीत्यर्थ।

With the cries of cuckoos and intoxicated bees (and) with blossomed mango-trees, and with lovely *karṇikāra* flowers, the Flower-Month is paining so as to enkindle love, the minds of proud ladies with very sharp arrows as it were.

---

variously ; नेत्रे निमीलयति because सहकारदर्शनस्य संतापाधिक्यजनकत्वात् ; घ्राणं विरुणद्धि because तदीयसौगन्ध्यसपि संतापाधिक्यजनकत्वात्. सहकार- see Śl. 22.

27. **कर्णिकार**-*see* Śl. 5. रम्यः-better read रम्यैः। as then we get more directly, without an adjective intervening, the उपमेय in नादैः सहकारैः and कर्णिकारैः ; it is also necessary to show that नादs etc. were more kindly felt. मानिनी—*f.* a pround lady. तुद्-6. U.to pain कुसुममासः-'the month in which flowers abound'—either *Caritra* or *Vaiśākha.* मन्मथोद्दीपनाय-For the Dative

---

1. परिदेवित।
2. नरः। जनः। नगे।
3. कुसुमिताः सहकारशाखाः। कुसुमितान्। सहसैव चूतान्।
4. रम्यैः।
5. कामिनीनाम्।
6. कुसुमबाणो। कुसुमचापो।
7. मन्मथोद्वेजनाय। मन्मथोतेजनाभिः।

आम्री मञ्जुलमञ्जरी वरशरः सत्किंशुकं यद्धनुर्ज्या
यस्यालिकुलं कलङ्करहितं छत्रं सितांशुः सितम्।
मत्तेभो मलयानिलः परभृता यद्वन्दिनो लोकजि-
त्सोऽयं वो वितरीतरीतु वितनुर्भद्रं वसन्तान्वितः ।। 28 ।।

आम्रीति। यस्य वरशरः श्रेष्ठबाणः आम्री आम्रस्येयम् तस्येदमित्यण्। टिड्ढाणेति ङीप्। मञ्जुलमञ्जरी मञ्जुला मनोज्ञा चासौ मञ्जरी च। यद्धनुः। सत्किंशुकम् सत् शोभनं किंशुकं किंशुकपुष्पम्। यस्य। ज्या मौर्वी। अलिकुलं भ्रमरसमूहः। कलङ्करहितं निष्कलङ्कं। सितं छत्रं। सितांशुः। सिताः शुभ्रा अशंवः किरणा यस्य सः चन्द्र इत्यर्थः। यस्य मत्तेभः मत्तवारणः। मलयानिलः। यद्बन्दिनः। यस्य बन्दिनः परभृताः कोकिलाः। सोऽयम्। वसन्तान्वितः वसन्तेन अन्वितः युक्तः। लोकजित्। लोकान् जनान् जयति

---

see Apte's *Guide* § 65 (6). This reading is better than मन्मथोद्वेजनाय (the teasing or excitement caused by Cupid) which does not yield so good a sense.

28. In this verse Cupid (काम) is described as a King warrior. आम्री–*fem. adj.*; 'of the *Āmrā* tree'. To take आम्रीमञ्जलमञ्जरीवरशरः as one compound, as is done by some, is inacurate as आम्री would require. पुंवद्भाव (to be changed to आम्र). मञ्जुल *adj.* 'beautiful' मञ्जरी–*see* II. 20. वरशरः–वरश्चासौ शरश्च। *Cf.* प्रफुल्लचूताङ्कुरतीक्ष्णसायकः VI. I. किंशुकं–its shape (*see* note on Śl.20) is like that of a bow. ज्या–*f.* the bow-string *Cf.* द्विरेफमाला विलसद्धनर्गुणः VI. 1. सितांशु–*m.* 'the white-rayed one. *i.e.*, the moon. इभ–*m.* an elephant. Elephants are necessary in the royal train. मलयानिलः–'the wind from the *Malaya* mountains.' The Malaya mountains abound in sandal trees and the wind blowing from them is full of fragrance and so is a मत्तेभ with the smell of ichor ; hence मलयानिल is called the मत्तेभ of काम. परभृताः–(*see* Śl. 22). The reading of other editions is परभृतः [which we have changed into परभृताः], which if *singular*, is inconsistent with the plural बन्दिनः ; and if *plural*, it means *crows* instead of cuckoos, which latter is the sense required here.

बन्दिन्–*m.* a bard (who sings the praises of a prince in his presence or accompanies an army to enchant martial songs) ; the cuckoos with their songs are likened to bards. लोकजित्–*m.* 'the conqueror of the world. विपरीतरीतु (Frequentative Imperative 3rd pers. sing. of वि+तॄ I. P. to grant) 'May he grant fully.' वितनु–*m.* an epithet of काम (अनङ्ग) ; *see* notes on VI. 9. For some of the ideas here, compare.

परिजनपदे भृङ्गश्रेणी पिकाः पटुबन्दिनो
हिमकरसितच्छत्रं मत्तद्विपो मलयानिलः।
कृशतनुधनुर्वल्ली लीलाकटाक्षशरावली
मनसिजमहावीरस्योच्चैर्जयन्ति जगज्जितः।।

सः। वितनुः विगता नष्टा तनुर्यस्य सः। मदन इत्यर्थः। वः युष्माकं। भद्रं कल्याणं। विपरीतरीतु। पुनः पुनः अतिशयेन वा वितरतु ददातु। तरतेर्यङ्लुगन्ताल्लोट्। अत्र काव्ये सर्गान्ते तत्तदृत्वाशीर्ववचनश्लोकसत्त्वेऽप्यस्मिपर्गे मदनान्वितऋत्वाशीर्वचनं उभयोस्तादात्म्यं स्वसंमतमिति सूचनार्थम्। अत एव अस्य सर्गस्य प्रथमश्लोके मदनोपकारणान्येव ऋतूपकरणत्वेन वर्णितानीति ज्ञेयम्।

इति बालबोधिनीटीकासहितस्य ऋतु संहारकाव्यस्य

वसन्तवर्णनं नाम षष्ठः सर्गः ।।

May that Bodiless one (Cupid), the conqueror of the world, in company with Spring, ever grant you happiness ! —he, whose good arrow (is) the beautiful mango blossom, whose bow (is) the lovely *kiṁśuka* flower, whose bow-string (is) the row of bees, (whose) spotless, white (regal) umbrella (is) the moon, (whose) rutty elephant is the breeze from the Malaya mountain and whose bards are the cuckoos.

CANTO VII

प्रक्षिप्तश्लोकाः

The Interpolated Stanzas*

CANTO II. After 18th

वहन्ति वर्षन्ति नदन्ति भान्ति
ध्यायन्ति नृत्यन्ति समाश्रयन्ति।
नद्यो घना मत्तगजा वनान्ताः
प्रियाविहीनाः शिखिनः प्लवङ्गाः ।। 1 ।।

वहन्तीति। नद्यः वहन्ति। घनाः मेघाः वर्षन्ति। मत्तगजाः नदन्ति। वनान्ताः भान्ति रोचन्ते। प्रियाविहीनाः ध्यायन्ति। स्वप्रियाध्यानं कुर्वन्तीत्यर्थः। शिखिनः नृत्यन्ति। प्लवङ्गाः कपयः। समाश्रयन्ति निकुञ्जानिति शेषः। गिरिगह्वराणीति वा। एवं यथासङ्ख्यं क्रियापदानां कर्तृपदैः सम्बन्धः।

Rivers flow; clouds pour ; rutty elephants trumpet ; forest-regions shine; those separated from their mistresses pine (for them); peacocks dance ; and monkeys resort to (mountain-caves).

---

* These additional verse are found in some MSS. and editions of the Ṛtusaṁhāra, and are considered as interpolations many of them contain mere repetitions of ideas and expressions in the text of the poem as generally received. They are here collected together for convenience of reference.

1. This verse is found after शिरोरुहैः etc., II 18. The second half of the Śloka gives respectively the seven subjects of the seven predicates in the first half. भान्ति–appear brilliant. ध्यायन्ति–thing of their प्रियाs from whom they are separated ; समाश्रयन्तिं–*scil.* पर्वतकन्दरान् (for protection from rain) ; *cf.* कपिकुलमुपयाति क्लान्तमद्रेर्निकुञ्जम् I. 23. वनान्ताः– *see* I. 22. प्लवंगाः–*lit.*, 'going by jumps,' an epithet of monkeys.

CANTO III. After 22nd

करकमलमनोज्ञाः कान्तसंसक्तहस्ता
वदनविजितचन्द्राः काश्चिदन्यास्तरुण्यः।
चि[1]तकुसुमसुगन्धित प्राय[2]शो यान्ति वेश्म
प्रबलमदनहेतो[3]स्त्यक्तसंगीतरागाः ॥ 2 ॥

करेति। मनोज्ञानि करकमलानि यासां ताः। करकमलमनोज्ञाः। आहिताग्न्यादित्वात्परनिपातः। कान्तैः संसक्ताः संश्लिष्टाः हस्ताः यासां ताः कान्तसंसक्तहस्ताः। वदनेन विजितश्चन्द्रो याभिस्ताः वदनविजितचन्द्राः। प्रबलमदनहेतोः प्रबलमदनकारणात्। त्यक्तः संगीते गीतवाद्यनृत्येषु रागः अनुरागः याभिः ताः त्यक्तसंगीतरागाः। काश्चित् अन्याः तरुण्यः। चितैः कुसुमैः सुगन्धि चितकुसुमसुगन्धि। वेश्म गृहम्। शयनगृहमिति यावत्। प्रायशः बाहुल्येन यान्ति।

Beautiful with (their) lotus-like hands, (their) hands resting on (their) lovers, (their) faces excelling the moon, some other young ladies mostly go to the (bed-) chamber perfumed with flowers placed (there), forgetting on account of strong passion (their) love of music.

सुरतरसविला[4]साः सत्सखीभिः समेता
असम[5]शरविनोदं सूचयन्ति[6] प्रकामम्।

---

2. This and the next stanza are found together after शरदि कुमुदसङ्गात् etc. III. 22. वदनविजितचन्द्राः–their faces excel the moon in beauty. चितकुसुमसुगन्धि–चितैः कुसुमैः सुगन्धि (II. 18) तत्। प्रायशो यान्ति वेश्म–is preferable to the other reading प्राविशन्तीव वेश्म where इव makes no sense. वेश्म–*i.e.*, शयनगृहम्, त्यक्तसंगीतरागाः–Before going in they were listening to music ; but their passion becoming too powerful they leave it. राग–*m.* 'attachment' strong liking (Śl. 23)

3. सुरतरसविलासाः–This is the reason of विनोद. सत्–*adj.* 'good', 'beloved' असमशर–'the odd-arrowed one', is मदन, he being usually described as पञ्चबाण (*see* notes VI. 1), and पञ्च is an *odd* number. विनोद–*m.* 'sport, pastime, pleasure.' सूचयन्ति–show, betray, reveal. प्रकामम्–*ind.* (going with सूचयन्ति)

---

1. रचितकुसुमगन्धि।
2. प्राविशन्तीव।
3. हेतौ सूक्तसङ्गोक्तरम्या।
4. रुचिवि°–विलासात्।
5. रस।
6. यन्त्यप्र।

अनुप[1]ममुखरागा रात्रिम[2]ध्ये विनोदं
शरदि तरुणकान्ताः सूचयन्ति प्रमोदा[3]त्।। 3।।

सुरतेति। शरदि। सुरतरसस्य सुरतानुरागस्य विलासाः यासां ताः सुरतसविलासाः। तरुण्यश्च ताः। सतीभिः साध्वीभिः सखीभिः सत्सखीभिः समेताः युक्ताः सत्यः। असमशरविनोदं मदनव्यापारम्। विनोदशब्दस्य व्यापारार्थकत्वम्। 'निर्विनोदां सखीं ते' इत्युत्तरमेघव्याख्याने' निर्विनोदां निर्व्यापाराम्' इति मल्लिनाथः। प्रकामं पर्याप्तं यथा तथा सूचयन्ति। अनुपमः निरुपमः मुखरागः मुखकान्तिर्यासां ताः अनुपममुखरागाः। प्रमोदात् हर्षात्। रात्रिमध्ये रात्रौ विनोदं मदनव्यापारं च सूचयन्ति।

In the *Śarad* season young ladies, with gestures (indicative) of (their) love of sexaul sports, (when) in company with (their) beloved (temple) friends, fully reveal their love-pleasures with faces incomparably flushed, (they) gladly reveal (their) pleasures in the middle of the night.

CANTO IV. After 9th

मार्गं समीक्ष्यातिनिरस्तनीरं
प्रवासखिन्नं पतिमुद्वहन्त्यः।
अवेक्ष्यमाणा हरिणेक्षणाक्ष्यः
प्रबोधयन्तीव मनोरथानि।। 4।।

मार्गमिति। अतिशयेन निरस्तं नष्टं नीरं यस्मात्तं अतिनिरस्तनीरं मार्गं समीक्ष्य। प्रवासखिन्नं प्रवासक्लिष्टं पतिं उद्वहन्त्यः। एतावत्कालं एतादृक्क्लेशोऽनुभूतः स्यात् इति मनसि भावयन्त्यः। हरिणेक्षणे इव अक्षिणी यासां ताः हरिणेक्षणाक्ष्यः। सप्तम्युपमाने इत्युक्तपदलोपाभावश्चिन्त्यः। अवेक्ष्यमाणाः सत्यः मनोरथानि। नपुंसकत्वं चिन्त्यम्। प्रबोधयन्तीव ज्ञापयन्तीव।

Seeing the road from white water has entirely disappeared (and therefore) expecting (back their) husbands, fatigued with travel, the gazelle-eyed ladies when looked at, kindle the desires, as it were.

'fully;' *see* notes an V. 1; or it may be taken with विनोदं रात्रिमध्ये–we have chanze रात्रिमध्या to रात्रिमध्ये as °मध्या is meaningless. तरुणकान्ताः–तरुण्यश्च ताः कान्ताश्च periphrastic for तरुण्यः प्रमोदात्–to be construed with सूचयन्ति।

4. This Ślokas is found after प्रफुल्लनीलोत्पलशोभितानि etc., IV. 9.

---

1. अनुमतमुखराभिः। 2. श्रोणिमध्ये। 3. प्रमोदान्।

CANTO VI. After 2nd

ईषत्तुषारैः कृतशीतहर्म्ये
सुवासितं चारु शिरश्च चम्पकैः।
कुर्वन्ति नार्योऽपि वसन्तकाले
स्तनं सहारं कुसुमैर्मनोहरैः॥ 5॥

ईषदिति। वसन्तकाले। तुषारैः जलबिन्दुभिः ईषत् मनोक् कृतशीतहर्म्ये कृतं शीतं यस्मिन् तस्मिन् हर्म्ये धनिकगृहे। नार्यः अपि चारु शिरः चम्पकैः सुवासितं कुर्वन्ति। स्तनं। जातावेकवचनम्। मनोहरैः कुसुमैः सहारं च कुर्वन्ति।

In mansions rendered slightly cool with snow, women, also, in he time of Spring, perfume (their) beautiful heads with *campaka* blossoms and cover (their) breasts with garlands, by means of lovely flowers.

CANTO VI. After 9th

छायां जनः समभिवा[1]ञ्छति पादपानां
[2]नक्तं तथेच्छति पुनः किरणं सुधांशोः।

अति°–अतिशयेन निरस्तं removed नीरं water यस्मिन् तम्। उद्वहन्त्यः–we translate this tentatively as meaning उत्पश्यन्त्यः or प्रतिपालयन्त्यः, waiting for, expecting.' अवेक्ष्यमाणाः–The original reading प्रवेक्ष्यमाणाः being unintelligible we have changed it to अवेक्ष्यमाणाः हरिणेक्षणाक्षी *f.*–हरिणस्य ईक्षणे (ईक्षण *n.* the eye) इव अक्षिणी यस्याः सा। This is an irregular comp. the properer formation being हरिणाक्ष्यः। *see* H.S. Gram, § 248 मनोरथानि–the word मनोरथ being *Mas.* this neuter use of it is irregular. इव does not appear to be necessary.

5. This verse is found after द्रुमाः सपुष्पाः etc., VI. 2. The reading °हर्म्ये and च चम्पकैः are respectively simpler than °हर्म्यैः and सचम्पकैः and have been preferred. ईषत्–*ind.*, to be construed with कृतशीतहर्म्ये. तुषारैः–by the spray of cold water. कृतशीतहर्म्ये–कृतं शीतं यस्मिंस्तादृशे हर्म्ये। चम्पक–*n.* the flower of the *campaka* tree (Mar. सोनचांपा). It is inserted in the hair, which thus becomes fragrant. *See* note on III. 19.

6. This Śloka is found after तनूनि पाण्डूनि etc., VI. 9. छाया–This of course by day. सुधांशु–*m.* 'the nectar-rayed one,' *i.e.*, the moon, as the supposed repository of nectar. हर्म्यं–*i.e.*,हर्म्यपृष्ठम् *see* V. 3. सुखशीतलम्–सुखं (*cf.* I. 28, VI. 2) च शीतलं च।। शीतलत्वात्—the embrace is supposed to cool heat of *Vasanta* (गाढोपगूहनं शीतलमिति भावः)।

---

1. समधिकांक्षति।
2. मत्तः सचेत्पुनरथं किरणांश्च भानोः।

[1]हर्म्यं प्रयाति शयितुं सुखशीतलं च
का[2]न्तां च गाढमुपगूहति शीतलत्वात्।। 6।।

छायामिति। जनः पादपानां वृक्षाणां छायां समभिवाञ्छति इच्छति। दिवा इति शेषः। तथा पुनः नक्तं रात्रौ सुधांशोः चन्द्रस्य किरणं इच्छति। सुखं च शीतलं च सुखशीतलं हर्म्यं च। सुखशीतलता हि चन्दनोदकसेचनात्। शयितुं स्वप्नुं प्रयाति। कान्तां च शीतलत्वात् गाढं उपगूहति आलिङ्गति।

People wish for the shade of trees and at night again for the rays of the moon ; (they) go to the delightfully cool mansion (tops) to sleep, and embrace closely their wives on account of (its) coolness.

CANTO VI. After 27th

रुचिरकनकका[3]न्तीन्मुञ्चतः पुष्पराशी-
न्मृदुपवनविधूतान्पुष्पितांश्चूतवृक्षान्।
अभिमुखमभिवीक्ष्य क्षामदेहोऽपि मार्गे
मदनशरनिघा[4]तैर्मोहमेति प्रवासो।। 7।।

रुचिरेति। रुचिरकनकस्य कान्तिरिव कान्तिर्येषां तान् रुचिरकनककान्तीन् पुष्पराशीन् पुष्पसमूहान् मुञ्चतः। मृदुपवनविधूतान् मन्दानिलाकुलितान् पुष्पितान् संजातपुष्पान् च चूतवृक्षान् आम्रवृक्षान् मार्गे अभिमुखं संमुखं अभिवीक्ष्य दृष्ट्वा। क्षामदेहोऽपि कृशतनुरपि प्रवासी पान्थः। मदनशरनिघातैः कामबाणताडनैः मोहं एति।

The traveller, already thin in body, faints being struck by Cupid's arrows, on seeing in front on (his) way blossomed mango-trees, shaken by he gentle breeze, and dropping heaps of blossoms bright as shining gold.

परभृतकलगीतैर्ह्लादिभिः सद्वचांसि
स्मितदशयनमयू[5]खान्कुन्दपुष्पप्रभाभिः।

---

7. This and the next seven stanzas are found together after समदमधुकाराणां etc. VI. 27. रुचिर–*adj.* 'shining' (from रुच् 1. A. to shine). क्षाम (*pp.*of क्षै 1. P. to waste, to become thin) 'thiu, emaciated.'

8. परभृत–*see* VI. 22. स्मितदशन°–स्मिते ये दशनमयूखाः तान्. कुन्द–*see* IV. 2.

---

1. कान्तासुगात्रमुपगूहति शीतलत्वात्।
2. हर्म्येषु याति च रतिं निशि शीतलेषु।
3. कान्तं.....पुष्पवृन्दं।
4. सुविद्धः।
5. मयूखं।

करकिसलयकान्ति पल्लवैर्विद्रुमाभै-
[1]रुपहसति वसन्तः कामिनीनामिदानीम्।। 8।।

परभृतेति। इदानीं वसन्तः। कामिनीनाम्। इदं प्रतिवाक्यं सबध्यंते। सद्वचांसि मधुरभाषणानि ह्लादिभिः आनन्दजनकैः परभृतकलगीतैः कोकिलानां अव्यक्तमधुरशब्दैः। 'गीतं शब्दितगानयोः' इति मेदिनी। कामिनीनां स्मितदशनमयूखान् स्मितजन्य-दशनकिरणान् कुन्दपुष्पप्रभाभिः कुन्दपुष्पकान्तिभिः। कामिनीनां करकिसलयकान्ति च विद्रुमाभैः प्रवालकान्तिभिः पल्लवैः उपहसति।

Now, Spring mocks women's excellent words with the delightful, sweetly indistinct music of the cuckoos ; the rays of (their) teeth in (the act of) smiling, with the lustres of the *kunda* flowers ; (and) the beauty of (their) sprout-like hands, with young shoots (of trees) bright like coral.

कनककमलकान्तैराननैः पाण्डुगण्डैः-
[2]रुपरिनिहितहारैश्चन्दनार्द्रैः [3]स्तनान्तैः।
[4]मदजनितविलासैर्दृष्टिपातैर्मुनीन्द्रा-
न्स्तनभरनतनार्यः कामयन्ति प्रशान्तान्।। 9।।

कनकेति। कनककमलकान्तैः पाण्डुगण्डैः आननैः मुखैः। उपरि निहिताः स्थापिताः हाराः। येषां तैः उपरिनिहितहारैः चन्दनार्द्रैः चन्दनरसक्लिन्नैः। स्तनान्तैः स्तनप्रान्तैः। मदेन जनिताः विलासाः येषु तैः मदजनितविलासैः दृष्टिपातैः कटाक्षैश्च स्तनभरनतनार्यः प्रशान्तान् प्रशान्तेन्द्रियान् मुनीन्द्रान् मुनिश्रेष्ठान्। अपिर्गम्यः। कामयन्ति सकामं कुर्वन्ति। किमुतान्यं प्राकृतं जनमित्यर्थः।

With (their) pale-cheeked faces beautiful like golden lotuses, with (their) breast-regions wet with sandal-paste (and) having pearl-strings worn on them, (and) with glances sportive through intoxication, women bent with the burden of breasts kindle love in great ascetics (hitherto) living in quiet serenity.

करकिसलयकान्तिम्, because of the reddish colour of the पल्लवs विद्रुम–*see* VI. 16. उपसंहति–'mocks,' *i.e.*, excels.

9. कनककमल°–*see* V. 13. पाण्डुगण्डैः–*cf.* गण्डेषु पाण्डुः VI. 10. मदजनित°–मदेन जनितः विलासः यषु तैः मुनीन्द्रान्–*cf.* VI. 3. कामयन्ति (caus. 3rd pers. plural of कम् to desire)— 'make them love'. प्रशान्तान्–*scil* प्रशान्तेन्द्रियान्।

---

1. अभिभवति।
2. उपनिहितसुहारैः।
3. स्तनाग्रैः।
4. मदनजनितलासैः सालसैर्दृष्टिपातैः मुनिवरमपि नार्यः कामयन्ते वसन्ते।

मधुसुरभि मुखाब्जं लोचने लोध्र[1]ताम्रे
नवकुरबकपूर्णः केशपाशो मनोज्ञः।
[2]गुरुतरकुचयुग्मं श्रोणिबिम्बं तथैव
न भवति किमिदानीं योषितां मन्मथाय।। 10।।

मध्विति। मधुसुरभि मद्येन सुगन्धि मुखाब्जं मुखकमलम्। लोध्रताम्रे लोध्रपुष्पे इव ताम्रे रक्ते लोचने नेत्रे। नवकुरबकपूर्णः नूतनकुरबकपुष्पपूर्णः मनोज्ञः रुचिरः केशपाशः केशकलापः। गुरुतरकुचयुग्मं अतिपृथुकुचयुगलं। तथा एव श्रोणिबिम्बं। इदानीं वसन्तकाले योषितां संबन्धि किम् मन्मथाय न भवति मदनोद्दीपकं न स्यात्। सर्वमेव स्यादिति भावः।

(Their) lotus-like face odorous with wine ; (their) eyes red like *lodhra* flowers ; (their) beautiful, abundant hair full of new *kurabaka* blossoms (their) very heavy pair of breasts; and also (their) round hips; –what, of women, does not now excite passion?

आकम्पितानि हृदयानि मनस्विनीनां
वातैः प्रफुल्लसहकारकृताधिवासैः।
[3]उत्कूजितैः परभुतस्य मदाकुलस्य
श्रोत्रप्रियैर्मधुकरस्य च गीतना[4]दैः।। 11।।

आकम्पितानीति। मनस्विनीनाम्। 'अत्र वियोगिनीनां' इति पदं कविविवक्षितमिति प्रतिभाति। हृदयानि चेतांसि। प्रफुलसहकारेण कृतः अधिवासः गन्धसंस्कारः येषां तैः प्रफुलसहकारकृताधिवासैः वातैः पवनैः मदाकुलस्य मदोन्मत्तस्य परभृतस्य कोकिलस्य उत्कूजितैः उत्कूजनैः। मधुकरस्य भ्रमरस्य श्रोत्रप्रियैः कर्णमधुरैः गीतनादैः शब्दध्वनिभिः च गुञ्जारवैरिति यावत्। आकम्पितानि।

The hearts of ladies are made to quake by breezes perfumed by blossomed mango-trees, by the cooing of the intoxicated male cuckoos, and by the bees' noisy music, pleasant to the ears.

---

10. लोध्र–*see* note IV. 1 कुरबक–*see* VI. 18. केशपाश–*see* II. 21. किं न भवति–सर्वमपि भवतीत्यर्थः। मन्मथाय–for the use of the Dative, *see* Apte's *Guide*, § 66 *(Ed. 6th)*.

11. मनस्विनी–*f.* A (high-minded) noble woman. प्रफुल्लसहकार°–प्रफुल्ल-

---

1. लोलतारे।
2. अतिगुरु।
3. संबाधितम्।
4. शब्दैः।

[1]रम्यः प्रदोषसमयः स्फुटचन्द्रभासः
पुंस्कोकिलस्य विरुतं पवनः सुगन्धिः।
मत्तालियूथविरुतं निशि सीधुपानं
सर्वं [2]रसायनमिदं कुसुमायुधस्य।। 12।।

रम्य इति। रम्यः रमणीयः प्रदोषसमयः दिनान्तकालः। स्फुटाः व्यक्ताः चन्द्रभासः चन्द्रकिरणाः स्फुटचन्द्रभासः। 'भाः प्रभावे मयूखे स्त्री' इति मेदिनी। पुंस्कोकिलस्य विरुतं शब्दः। सुगन्धिः पवनः। कुसुमरसेन मत्तानां अलियूथानां षट्पदसंघानां विरुतं मत्तालियूथविरुतं। निशि सीधुपानं मद्यपानं। इदं सर्वं कुसुमायुधस्य मदनस्य रसायनं जराव्याधिनाशकमौषधम्। 'रसायनं. . . .जराव्याधिजिदौषधे' इति मेदिनी।

The beautiful evening time, the clear moonlight, the song of the male cuckoo, the fragrant breeze, he humming of intoxicated swarms of bees, and the drinking of wine at night-all this is elixir to Love.

[3]रक्ताशोकविकल्पिताधरमधुर्मत्तद्विरेफस्वनः
कुन्दापीडविशुद्धदन्तनिकरः प्रोत्फुल्लपद्माननः।
चूतामोदसुगन्धिमन्दपवनः शृङ्गारदीक्षागुरुः
कल्पान्तं मदनप्रियो दिशतु वः पुष्पागमो मङ्गलम्।। 13।।

सहकारेण कृतः अधिवासः (perfuming) येषां तः। उत्कूजित्–*n.* the cooing (as of a cuckoo). श्रोत्र–*n.* the ear.

12. स्फुट–*adj., lit.* 'to be seen clearly ;' hence 'bright' निर्मल. भास–*f.* 'a ray of light' पुंस्कोकिल–*see* VI. 14. सुगन्धि–see II. 18. सीधु–see II. 18. रसायन–*n.* a medicine supposed to prevent old age and prolong life, an elixir, a *Tonic;* (जराव्याधिजिदौषधम्) what is meant is that their things strengthen and stimulate passion in the same way that a रसायन acts.

13. रक्ताशोक°–अधरमधु the ámbrosia of the lip, hence the lip full of nectar ; then dissolve रक्तशोकेन विकम्पितमधरमधु यस्मिन्, *i.e.* in which the fresh *aśoka* flowers look like the red lips. Or explain रक्ताशोकैः रक्ताशोककुसुमैः. विकल्पितः संशयं प्रापितः अधरः येन एतादृशः मधुः चैत्रमासः यस्मिन्सः। The original reading नीलाशोक° does not appeat to make any sense and hence we have changed it to रक्ताशोक° विकल्पित–'doubted'. If you have them side by side you would not be able to tell the अधर from the रक्ताशोकः, they are both so *red.* मधु–*see* VI. 24. मत्त°–मत्तद्विरेफाणां स्वनः यस्मिन् सः। कुन्दापीड°–कुन्दानां आपीडः (*m.* a garland) एव विशुद्धः दन्तनिकरः यस्य सः। *cf.* 'कुन्देन दन्तम्' (शृङ्गारतिलक 3), In this and the next epithet Spring is looked upon as a man. प्रोत्फुल्ल–प्रोत्फुल्लपद्ममेव आननं यस्य सः।

---

1. रन्यप्र। 2. हि सावनमिदं। 3. नीला।

रक्तेति। रक्ताशोकेन विकल्पितं अनुमापितं अधरमधु अधरमाधुर्यं। अधरः शोभामिति भावः। येन सः रक्ताशोकविकल्पिताधरमधुः। मत्तद्विरेफस्वन एव। स्वनः शब्दः यस्यः स मत्तद्विरेफस्वनः। द्विरेफशब्देन लक्षणया द्विरेफवग्राह्यः। कुन्दापीडः कुन्दभूषणमेव विशुद्धः निर्मलः दन्तनिकरः दन्तसमूहः यस्य स कुन्दापीड- विशुद्धदन्त-निकरः। प्रोत्फुल्लं पद्ममेवाननं यस्य सः। प्रोत्फुल्लपद्मनः। चूतामोदः आम्रमञ्जरीसुगन्धः मन्दपवनः मन्दनिःश्वासमारुतः यस्य सः चूतामोद- सुगन्धिमदपवनः। शृङ्गारदीक्षायां शृङ्गारोपदेशे गुरुः शृङ्गारदीक्षगुरुः। मदनप्रियः पुष्पागमः वसन्तः वः युष्माकं मङ्गलं कल्याणं कल्पान्तं। सर्वदेत्यर्थः। दिशतु वितरतु।

With the red flowers of *aśoka* made to pass as the lower lip full of nector, with the hum of intoxicated bees, with the *kunda*-garlands (serving) as the bright row of teeth (and) the full-blown lotus as the face, with gentle breezes fragrant with the odour of mango-blossoms, and the Preceptor (as it were) in the initiation of Love,—May Sprint, beloved of Cupid, grant you happiness for ever!

मलयपवनविद्धः कोकि[1]लालापरम्यः
[2]सुरभिमधुनिषेकाल्लब्धगन्धप्रबन्धः।
विविधमधुपयूथैर्वेष्ट[3]यमानः समन्ता-
द्भवतु तव वसन्तः श्रेष्ठ[4]कालः सुखाय॥ 14॥

चूतामेद°–चूतामोदेन सुगन्धिः मन्दपवनः यस्मिन्सः। शृङ्गारं–शृङ्गारस्य दीक्षायां गुरुः। दीक्षा, is the 'consecration for a religious ceremony then 'initiation' in a general sense ; *cf.* (कुलगुरुरबलानां केलिदीक्षाप्रदाने (अनङ्गः) Viddh. I. 1. कल्पान्तम्–(कल्पस्य अन्तः। कालात्यन्तसंयोगे द्वितीया) 'till the end of *kalpa*' *i.e.* 'for ever'. कल्प (*m.*) is the period of time measuring the duration of the world (4320 millions of mortal years). मदनप्रियः–*see* notes on VI. 1. दिश्–to grant ; *cf.* II. 28. पुष्पागम–*m.* (पुष्पाणागामः यस्मिन्काले सः) 'the time when flowers bloom' *i.e.* spring; *cf.* घनागम. II. 1. हिमागमः V. 8. मङ्गल–*n.* 'happiness.'

14. मलय–*see* VI. 28 विद्ध–*lit.* 'pierced by', 'full of'. *Cf.* अनुविद्ध at IV. 11. कोक्रिलालापरम्यः is better than the other reading काकिलेनाभरम्यः as it gives specifically the reason of its रम्यत्व. लब्ध°–लब्धः गन्धस्य प्रबन्धः। (uninterr-uptedness, continuance) यस्मिन् सः।

---

1. लेनाभिरम्यः।
2. मधुसुरभिसुवर्षैर्नद्धः।
3. वीक्ष्यमाणः।
4. काल एषोऽगयभूत्यै।

मलयेति। मलयपवनविद्धः मलयपवनेन मलयानिलेन विद्धः संपृक्तः। तद्युक्त इति यावत्। कोकिलालापरम्यः कोकिलशब्दैः रमणीयः। सुरभिमधुनिषेकात् सुरभिणः मधुनः निषेकात् सेचनात्। लब्धः गन्धप्रबन्धः गन्धसम्बन्धः येन सः लबधगन्धप्रबन्धः। विविधमधुपयूथैः बहुविधभ्रमरसमूहैः समन्तात् सर्वतः वेष्ट्यमानः व्याप्तः च श्रेष्ठकालः वसन्तः तव सुखाय भवतु। त्वां सुखिनं करोत्वित्यर्थः।

May he excellent season, Spring, grant you happiness!—which (Spring) is full of breezes from the Malaya mountain, charming with the notes of the cuckoo, continually fragrant by reason of the dripping of odorous honey (and) surrounded all round by numerous swarms of bees.

Thus, ends of the Poem Ṛtusaṁhāra.

Appendix A

The following metres are used in the Ṛtusaṁhāra :—

(a) इन्द्रवज्रा Def. स्यादिन्द्रवज्रा यदि ता जगौ गः। *Ex.* VI. 10, 15.

(b) उपेन्द्रवज्रा Def. उपेन्द्रवज्रा प्रथमे लघौ सा। *Ex.* VI. 6.

(c) उपजाति Def. अनन्तरोदीरितलक्ष्मभाजौ पादौ यदिवावुपजातयस्ताः इत्थं किलान्यास्वपि मिश्रितासु वदन्ति जातिष्विदमेव नाम।। *Ex.* I. 18 (*Vide* Notes); IV, 1, 2 (*Vide* Notes); VI, 2-5, 7-9, 11-14, 16. Misc. 1, 4, 5.

(d) इन्द्रवंशा Def. तञ्चेन्द्रवंशा प्रथमाक्षरे गुरौ। *Ex.* in the third *pāda* of the उपजाति at I. 18 (*Vide* Notes); in the second *pāda* of the उपजाति at V. 5 (*Vide* Notes).

(e) वंशस्थ Def. वदन्ति वंशस्थमिदं जतौ जरौ।। *Ex.* I. 1-17, in the उपजाति at I. 18 (*Vide* Notes), 19-21; II. 1-19; V. 1-4, in the उपजाति at V. 5 (*Vide* Notes), 6, 10; VI. 1.

(f) वसन्ततिलका Def. उक्ता वसन्ततिलका तभजा जगौ गः। *Ex.* I 20, 21; III. 1-20, 25; IV. 13-17; VI. 17-26; Misc. 6, 11, 12.

(g) मालिनी Def. ननमययुतेयं मालिनी भोगिलोकैः। *Ex.* II. 20-28; II. 22-28; II 21-24, 26; IV. 18; V. 11-16; VI. 27; Misc. 2, 3, 7-10, 14.

(h) शार्दूलविक्रीडित Def. सूर्याश्वैर्यदि मः सजौ सततगाः शार्दूलविक्रीडितम्। *Ex.* VI. 28; Misc. 13.

Appendix B
(Index of Important Words)

The figure VII. indicates the section containing the Interpolated Stanzas.

अंशुक I, 7; III. 1; IV. 3; VI. 4.19
अक्त VI.12
अगुरु II. 21; IV. 5; V. 5.12; VI. 13
अग्र्य III. 26
अङ्गद IV. 3 VI. 6
अण्डज III. 3. 14
अतिमुक्ता VI. 17
अधिवास VII. 11
अधिवासित II. 17
अध्वग VI. 26
अनुविद्ध IV. 11
अन्त V. 15; VI. 25 (twice); VII. 1. 9
अन्तर I. 11; II. 20; III. 16; IV. 8; VI. 7
अन्यपुष्ट VI. 25
अभितर्जित V. 6
अभिरामित V. 7
अभिलेख IV. 12
अभिसारिका II. 10
अभीक्ष्णम् II. 10
अभ्यञ्जन IV. 17
अयन V. 2
अर्जुन II. 17; III. 13
अलक IV. 16; VI. 5.
अवतंस II. 18. 21
अवतंसक II. 20
अवदात VI. 23
अवभास III. 18
अवरोध III. 7
अवाक् I. 13
अशनि II. 1.4
अशोक VI. 5. 16; VII. 13
असमशर VII. 3
असित III. 24
आतपत्र I. 18
आतुर VI. 6
आपीड VII. 13
आमोद I. 28; IV. 11; VII. 13
आयोजित II. 20.
आलम्बिन् VI. 24
आशय III. 21
आसव IV. 11; V. 5; VI. 14
आह्वय V. 1
इन्द्रगोपक II. 5
इभ VI. 28

उच्चैः II. 27; IV. 6; VI. 26
उच्छ्वस् *Caus.* VI. 8
उत्कर II. 8
उत्फुल्ल III. 10
उदर III. 12; V. 2
उद्वह् VII. 4
उद्वेजन VI. 2
उपगीत IV. 18
उपल II. 16
उपवन III, 2. 14; VI. 23.
उपवीज्यमान III. 4
उपात्त VI. 21
उपान्त V. 13
ऊष्मन् V. 9
ककुभ II 20
कक्ष I. 27
कङ्केलि III. 18
कदम्ब II. 17. 20, 23, 24; III. 13
कनककमल V. 13; VI. 7; VII. 9
कंदर्प V. 16; VI. 18. 24
कन्दली II. 5
कर्णपूर II. 24
कर्णिकार VI. 5. 20. 27
कल VI. 21 (twice); VII. 8
कलम III. 5
कलाप I. 16; II. 6. 14; III. 3, 20
कलापिन् I. 16
कलुष III. 22
कल्प VII. 13
कषाय I. 4
कह्लार III. 15
काकलि I. 8
कादम्ब III. 8; IV. 9
कामम् VI. 15
काम्य III. 25
कारण्डव III. 8
कालागुरु II. 21; IV. 5; V. 5; VI. 13.
कालीयक IV. 5; VI. 12
काश III. 1, 2, 26
किंशुक VI. 19, 20, 28
किसलय V. 15; VII. 8
कुङ्कुम V. 9; VI. 4. 12
कुञ्चित III. 19; IV. 16; V. 12
कुञ्जर II. 1
कुटज III. 13
कुड्मल II. 24
कुण्डल II. 19; III. 19
कुन्द IV. 2; VI. 23; VII. 8, 13
कुरबक VI. 18; VII. 10
कुलगृह VI. 21
कुसुम्भ I. 24; VI. 4
कूर्पासक IV. 16; V. 8
केतकी II. 17, 20, 23, 26
केशपाश II. 21; IV. 14; V. 12, VII. 10
केसर I. 14; II. 20
कोटर I. 26
कोविदार III. 6
कौशेयक V. 8.
क्रौञ्च IV. 8 18; V. 1
क्षपा V. 7
क्षाम IV. 6; VII. 7
क्षितिभृत् VI. 25
क्षेप VI. 11
गण्ड VI. 10; VII, 9
गभस्ति I 15, 16; V. 2

गभीर II. 11
गवय I. 23, 27
गह्वर I. 21
गुड V. 16
गुण II. 4; IV, 4. 18; VI. 1
गौर I. 6, 23; III. 4; IV. 2, VI. 4. 12
घनागम II. 1
घ्राण VI. 26
चक्र I. 16; II. 14
चञ्चत् III. 3
चम्पक VII.5
चय VI. 16
चाटु VI. 14
चातक II. 2
चामर III. 4
चित I. 7. 28; II. 8, 15; III. 21; IV. 8; V. 15; VII. 2
जघन VI. 6, 10
जलयन्त्र I. 2
जाल VI. 25
जालक I. 19
जिह्म I. 12, 13, 23; VI. 11
°जुष् VI. 18
जृम्भ् III. 23
जृम्भण VI. 9
ज्या VI. 28
तटिनी III. 8
तनु I. 7; III. 17; IV. 3; VI. 4, 9
तन्त्री I. 3
ताम्बूल V. 5
तुषार I. 6; IV. 1. 2. 18; V. 3, 4; VII. 5
तुहिन III. 15; IV. 7
दन्तच्छद IV. 12, 13
दन्तिन् I. 15
दर्प V. 16; VI. 24
दर्पण IV. 13
दव I. 22. 25
दशन IV. 6; VII. 8
दामन् IV. 15
दिशं् II. 28; III. 26; IV. 18; VII. 13
दीक्षा VII. 13
दीधिति III. 2
दुकूल I. 4; II. 25; III. 7; IV. 3; IV. 4
द्वन्द्व I. 27
द्विरेफ III. 6; VI. 1. 14. 17. VII. 13
धूप V. 12
धूपित IV. 5; VI. 13
नन्द् V. 15
नभस्वत् II. 26; III. 10
नलिनी II. 14; III. 10
नवमल्लिका VI. 5
निकुञ्ज I. 23
निचय III. 16
निदाघ I. 1. 4. 26
निबिड V. 11
निभं IV. 2
निम्न II. 13; V. 12; VI. 10
निम्नगा I. 27
निर्माल्य IV. 15
निशीथ I. 3
निषक्त V. 13
नीप III. 13
नीर I. 2
नीहार VI. 22
नैशं V. 14
पटु I. 22. 25

पत्रलेखा IV. 5; VI. 7
पद V. 15
परभृत VI. 22, 28. VII. 8. 11
परिणद्ध VI. 25
परुष I. 22; II. 27
पाक IV. 10
पाटल I. 28; V. 13
पाश II. 21; IV. 14; V. 12; VII. 10.
पिञ्जर V. 9.
पुंस्कोकिल VI. 14. 21; VII. 12
पुलक IV. 17
पुलिन I. 27; III. 3
पुष्पागम VII. 13
पृथु V. 14
पोत्र I. 17
प्रकाम IV. 14; V. 1. 5. 7; VII. 3
प्रगीत III. 13
प्रचय III. 5. 6.
प्रजागर IV. 14
प्रदोषं II. 21; VI. 2; VII. 12
प्रफुल्ल III. 11; IV. 1. 9; VI. 1; VII. 11
प्रबन्ध VII. 14
प्रवर III. 7. 19
प्रवाल III. 18; IV. 1; VI. 15, 17
प्रसभम् II. 4; III. 10; VI. 24
प्रसव IV. 8
प्रस्रवण II. 16
प्रागेव VI. 23
प्रायशः II. 28; VII. 2
प्रियङ्गु IV. 10; VI. 12
प्रोत्फुल्ल VII. 13
प्रोषित II. 26; III. 23
प्लवंग VII. 1
फुल्ल III. 26; VI. 5
बकुल II. 24
बन्दिन् VI. 28
बन्धन VI. 28
बन्धुजीव III. 24
बन्धूक III. 5. 25
बर्हिन् II. 6
बलभिद् III. 12
बलाका III. 12
बलाहक II. 2. 4
भज् IV. 4
भद्रमुस्त I. 17
भाज् IV. 4
भिन्न I. 11; II. 2; III. 5; VI. 20
भूधर II. 16
भेक I. 18 II. 13
भोगिन् I. 16, 18
मञ्जरी II. 20; VI. 18, 28
मञ्जुल VI. 28
मधु VI. 24; VII. 13
मध्य V. 12, 14; VI. 10
मनोरथ VII. 4
मन्दमन्दम् V. 14
मरकत III. 21
मर्दल II. 1, 4
मलय VI 28; VII. 14
मलिन VI. 23
मारुत I. 20
मालती II. 24; III. 2, 18. 19
माल्य II. 12
मृगनाभि VI. 12
मृणाल I. 19; III. 4

मेखला VI. 3
युगपत् II. 19
यूथिका II. 24
रजस् II. 26; III. 8
रसना III. 3, 20; VI. 24
रसायन VII. 12
राग II. 10; V. 7, 9, 11; VI. 4 (twice). 14, 16, 23 (twice)
राजी II. 25
रुचिर III. 18, 24, 26; VII. 7
लतिका VI. 17
ललित IV. 16
लाक्षारस I. 5; VI. 13
लाला I. 21
लासक II. 26
ली III. 23; IV. 1
लीढ I. 20
लुलित IV. 14
लोध्र IV. 1; VII. 10
लोल VI. 10
वंश I. 25
वप्र III. 5
वरोरू V. 1
वलय IV. 3; VI. 6
वलि II. 25
वल्लकी I. 28
वातायम V.2
वापी VI. 3
वास V. 11
विकच I. 24; II. 24; III. 1, 26
विकल्पित VII. 13
विकार V. 16
विकुञ्चित III. 19
विगम VI. 22
विघट्टित III. 8
वितनु VI. 28
विद्ध VII. 14
विद्रुम VI. 16; VII. 8
विनोद VII. 3 (twice)
विन्ध्य II. 8, 27
विपन्न I. 9
विपाटल IV. 14
विपाण्डु IV. 10; V. 4
विपाण्डुर II. 13
विभक्त II. 25
विभ्रम II. 7; III. 17; VI. 11, 23
विमर्द I. 19
विलीन IV. 1
विलेपन V. 5
विवस्वत् I. 18
वेपथु V. 6
वेश्मन् VII. 2
वैदूर्य II. 5
वैन्ध्य II. 8
व्यतिषङ्ग IV. 11
व्याकुल IV. 18
व्यालम्बिन् IV. 16
शफरी III. 1, 2, 26; V. 3; VII. 3
शरभ I. 23
शर्वरी II. 10
शाखिन् II. 23
शालि III. 1, 10, 16; IV. 1, 8, 18; V. 1, 16
शालिन् IV. 2
शल्मलि I. 26
शिखा II. 27

शिखिन् II. 14, 16; III. 13; VII. 1
शिशिर III. 2., 9; V. 1, 16
शीकर I. 15; II. 1, 17; III. 9
शीर्ण I. 23
शुक VI. 20
शुचि I. 2, 3
शेखर I. 6; III. 20
शेफालिका III. 14
शैलेय VI. 25
श्यान III. 22
श्यामा III. 18
श्रेयस् V. 16
संसक्त V. 13; VII. 2
संस्थित III. 3; V. 13
संहत I. 19
संहृष्यमाण IV. 17
सक्त IV. 13; VI. 24
सप्तच्छद III. 2, 13
समीरण II. 17
सर्ज II. 17; III. 13
ससंभ्रम VI. 9
सस्यं IV, 1
सहकार VI. 22, 26, 27, VII. 11
साध्वस V. 6
सानु VI. 25
सान्द्र V. 3
सार IV. 13
सारस I. 19; III. 8, 16
सिन्दूर I. 24
सीधु II. 18; VII. 11
सीमा III. 16; IV. 8, 18
सुख I. 28; VI. 2; VI. 6
सुगन्धि II. 18; IV. 11; V. 10; VI. 2, 13; VII. 2, 12, 13
सुभग III. 25; VI. 22
सूचि II. 23
सैकतिन् II. 9
सौदामनी III. 12
सौभाग्य VI. 3
स्तबक VI. 15
स्थली I. 25; II. 9
स्फुट् I. 25
स्फुट VII. 12
स्रस्त IV. 14
हर्म्य I. 3, 9, 28; V. 3; VII. 5, 6
हिम IV. 10, 18
हिमागम V. 8
हेमन्त IV. 1

Appendix C

	पृ०सं०	श्लो०सं०
अगुरुसुरभिधूपा०	89	5/12
अङ्गानि निद्रा०	102	6/11
अन्या प्रकामसुरत०	78	4/14
अन्या प्रियेण परि०	79	4/16
अन्याश्चिरं सुरत०	80	4/17
अपगतमदरागा	89	5/11
अभीक्ष्णमुच्चै०	32	2/10
असह्यवातोद्धत०	10	1/10
असितनयनलक्ष्मीं	66	3/24
आपम्प्यन्कुसु०	109	6/22
आकम्प्यन्फलभरा०	56	3/10
आकम्पितानि हृदयानि	122	प्र/11
आदीप्तवह्नि०	107	6/19
आ मूलतो विद्रुम०	105	6/16
आम्री मञ्जुलमञ्जरी	114	6/28
आलम्बिहेमरसनाः	111	6/24
ईषत्तुषारैः कृत०	119	प्र/5
उच्छ्वासयन्त्यः श्लथ०	100	6/8
कदम्बसर्जार्जुन०	38	2/17
कनककमलकान्तै०	121	प्र/9
कनककमलकान्तैः	90	5/13
कमलवनचिताम्बुः	23	1/28
करकमलमनोज्ञाः	117	प्र/2
कर्णेषु योग्यं	98	6/5
कह्लारपद्मकुमुदानि	60	3/15
काचिद्विभूषयति	77	4/13
काञ्चीगुणैः काञ्चन०	71	4/4
कान्तामुखद्युतिजुषा०	107	8/18
कारण्डवानन०	54	3/8
कालागुरुप्रचुर०	41	2/21
काशांशुका विकच०	48	3/1
काशैर्मही शिशिर०	49	3/2
किं किंशुकैः शुक०	108	6/20
कुन्दैः सविभ्रमवधू०	110	6/23
कुवलयदलनीलै०	42	2/22
कुसुम्भरागारुणितै०	97	6/4
कृतापराधान्बहुशो०	85	5/6
केशान्नितान्तघननील०	63	3/19
गजगवयमृगेन्द्रा	22	1/27
गात्राणि कालीयक०	72	4/5
गुरूणि वासांसि	103	6/13
गृहीतताम्बूल०	85	5/5
चञ्चन्मनोज्ञशफरी०	50	3/3
छायां जनः	119	प्र/6
जलभरनमिताना०	46	2/27
ज्वलति पवनवृद्धः	21	1/25
तडिल्लताक्रधनु०	39	2/19
तनूनि पाण्डूनि	101	6/9
ताम्रप्रवाल०	104	6/15
तारागणप्रवर०	53	3/7

	पृ०सं०	श्लो०सं०
तुषारसंघातनिपात०	84	5/4
तृणोत्करैरुद्गत०	31	2/8
तृषाकुलैश्चातक०	27	2/3
तृषा महत्या हत०	12	1/14
दधति वरकुचाग्रै०	44	2/25
दन्तच्छदैः सव्रण०	76	4/12
दिवसकरमयूखै०	66	3/23
द्रुमाः सपुष्पाः	96	6/2
नखपदचितभागा०	92	5/15
न चन्दनं चन्द्र०	83	5/3
न बाहुयुग्मेषु विला०	70	4/3
नवजलकणसङ्गा०	45	2/26
नवप्रवालोद्गम०	69	4/1
नष्टं धनुर्बलभिदो	57	3/12
नानामनोज्ञकुसुम०	112	6/25
नितम्बबिम्बैः स०	5	1/4
नितान्तनीलोत्पल०	26	2/2
नितान्तलाक्षारस०	5	1/5
निपातयन्त्यः परित०	29	2/7
निरुद्धनवातायन०	83	5/2
निर्माल्यदाम	78	4/15
निशाः शशाङ्क०	3	1/2
नृत्यप्रयोग०	58	3/13
नेत्र निमीलयति	112	6/26
नेत्रेषु लोलो	101	6/10
नेत्रोत्सवो हृदय०	55	3/9
पटुतरदवदाहो०	18	1/22
पयोधराश्चन्दन०	6	1/6
पयोधरैः कुङ्कुम०	87	5/9
पयोधरैर्भीम०	33	2/11
परभृतकलगीतै०	120	प्र/8
पाकं व्रजन्ती	75	4/10

	पृ०सं०	श्लो०सं०
पीनस्तनीरःस्थल०	73	4/7
पुंस्कोकिलश्चूत०	104	6/14
पुंस्कोकिलैः कल०	109	6/21
पुष्पासवामोद०	75	4/11
पृथुजघनभरार्ताः	91	5/14
प्रकामकामैर्पुवभिः	86	5/7
प्रचण्डसूर्यः स्पृह०	1	1/1
प्रचुरगुडविकारः	93	5/16
प्रफुल्लचूताङ्कुर०	95	6/1
प्रफुल्लनीलोत्पल०	74	4/9
प्रभिन्नवैदूर्य०	28	2/5
प्रभूतशालिप्रसवै०	74	4/8
प्ररूढशालीक्षु०	82	5/1
प्रियङ्गुकालीयक०	103	6/12
बलाहकाश्चाशनि०	27	2/4
बहुगुणरमणीयः का०	46	2/28
बहुगुणरमणीयो यो०	81	4/18
बहुतर इव जातः	21	1 !16
भिन्नाञ्जनप्रचय०	52	3/5
मत्तद्विरेफ०	106	6/17
मधुसुरभि मुखाब्ज	122	प्र/10
मनोज्ञकूर्पासक०	87	5/8
मनोहरैश्चन्दनराग०	70	4/2
मन्दानिलाकुलित०	53	3/6
मलयपवनविद्धः	124	प्र/14
मार्गं समीक्ष्याति०	118	प्र/4
माला: कदम्ब०	40	2/20
मुदित इव कदम्बै०	42	2/23
मृगाः प्रचण्डातप०	10	1/11
रक्तादोकविकल्पिता०	123	प्र/13
रतिश्रमक्षाम०	72	4/6
रम्यप्रदीषसमयः	123	प्र/12

	पृ०सं०	श्लो०सं०		पृ०सं०	श्लो०सं०
रविप्रमोद्भिन्न०	17	1/20	सदा मनोज्ञं	29	2/6
रवेर्मयूखैरभि०	11	1/13	सपत्रलेखेषु	99	6/7
रुचिरकनककान्ती०	120	प्र/7	सफेनलालावृत०	17	1/21
वनद्विपानां नव०	36	2/15	सभद्रमुस्तं	14	1/17
वहन्ति वर्षन्ति	116	प्र/1	समदमधुकराणां	113	6/2
वापीजलानां	96	6/3	समुद्गतस्वेद०	7	1/7
विकचकमलवका	68	3/26	समुद्धताशेष०	16	1/19
विकचनवकुसम्भ०	20	1/24	संपन्नशालि०	60	3/16
विपत्रपुष्पां नलिनीं	36	2/14	सविभ्रमैः सस्मित०	11	1/12
विपाण्डुरं कीट०	35	2/13	सशीकराम्भोधर०	25	2/1
विलोचनेन्दीवर०	34	2/12	सितेषु हर्म्येषु	9	1/9
विलोलनेत्रोत्पल०	32	2/9	सितोत्पलामाम्बुद०	37	2/16
विवस्वता तीक्ष्ण०	15	1/18	सुगन्धिनिः श्वास०	88	5/10
विशुष्ककण्ठोद्गत०	13	1/15	सुरतरसविलासाः	117	प्र/3
व्योम क्वचिदजत०	51	3/4	सुवासितं हर्म्य०	4	1/3
शरदि कुमुद०	65	3/22	सोन्मादहंस०	57	3/11
शिरसि बकुल०	43	2/24	स्तनेषु हाराः	98	6/6
शिरोरुहैः श्रोणि०	38	2/18	स्त्रीणां विहाय	67	3/25
शेफालिकाकुसुम०	59	3/14	स्फुटकुमुदचितानां	64	3/21
श्यामा लताः	62	3/18	हंसैर्जिता सुललिता	61	3/17
श्वसिति विहगवर्गः	19	1/23	हारैः सचन्दनरसैः	64	3/20
सचन्दनाम्बु०	8	1/8	हुताग्निकल्पैः	14	1/16

Word Index

A

abhisārikā women 33
abundant hair 90, 122
affrighted broods 35
aguru 103
amorous enjoy 4
amorous ladies 97
Amorous women 103
ample hips 64
ample sandal-paste 41
ample water 2
arjuna 38, 58
aśoka flowers 98
aśoka trees 105
attractive cry 68
autumn 48, 65, 68

B

bakula blossoms 44
bandhūka flowers 52, 68
bandhujīva flowers 67
bashful hearts 109
beat of durms 25
beautiful aroma 45
beautiful breasts 70
beautiful dark hair 80
beautiful ends 53
beautiful evening time 123
beautiful gait of women 62
beautiful heads 119
beautiful lady 28
beautiful mango blossom 115
beautiful music 24
beautiful ornaments 11
beautiful red lower-lips 91
beautiful women 80
bed-chamber 41
beds of lotuses 24
bees humming intoxicated 109
bees' noisy music 122
betel-rolls 85
bhadramasta grass 15
bimba-like lower lips 34
black aguru 41, 72
blooming lily 68
blooming lotuses 65
blossoms of karṇikāra 108
blue lotuses 26, 63, 68
bow-string 95, 115
Bracelets 71
breast-regions 121
breasts kindle love 121
breath-winds 76
breezes blow cool 65
bright loveliness 67
bright row of teeth 124
broad hips 39
buds of ketakīs 43
buds of yūthikā 44

C

Caitra 111
campaka blossoms 119
Charming mansion-terraces 4
charming pearl-strings 70
charming woman 67

clean lotuses 37
clear moonlight 123
clear-rayed moon 65
clouds 39, 51
clouds bright 37
clouds pour 116
clouds thundering fiercely 34
clouds thundring loudly 33
cold season 81, 87, 94
coloured silken garments 87
conch-shells 51
corn ripens 69
countless blossoms 105
covrīs 51
Cupid 101, 102, 124
Cupid's arrows 107, 120
Cupid's intensity 111

D

dancing peacocks 36, 37
dark eyes 67
dark-green grass 31
deep navel 90
delighted cuckoos 112
delightfully cool man-sion 120
dew-fall 110
dry bamboos 21

E

ear-ornaments 39, 40, 44
ear-rings 39
excellent season 125
eye-brows 62, 102

F

fatigued monkey 19
female deer 31, 59, 74
festive occasion 29
fierce conflagration 18
fierce rays 15
fierce sun 10
fine cloth 71
fine ornaments 54
fire in summer 46
firece sunshine 10
floral liquor 76, 85
Flower-Month 113
flower-wreaths 41, 90
flowers dance 45
flowery burden 63
foaming mouths 18
forest-region 18, 49, 22, 43
forest-regions shine 116
fragrant breeze 123
fragrant flowers 39
fresh mālatī flowers 63
fresh water 43
frightened deer 32
full breasts 71
full-blown blue lotuses 75
full-blown lotus 48, 124
fully reveal 118

G

gazelle-eyed ladies 118
gentle breeze 106, 120
gentle breezes fragrant 124
girdle-bands 64
glad-hearted ladies 64
golden girdles 111
golden lotuses 91, 99, 121
golden-yellow lustre 22
graceful beauty 90
graceful krauñca birds 74
graceful lower lips 68
gralands 39
great ascetics 121
great beauty 107
great sexual enjoy-ment 78
great thirst 12, 13

growing strong 21

H

happily sleeping 9
head garlands 40
head-gem 17
heat felt 5
heavy garments 7, 103
heavy hips 90
herd of wild boars 15
hot season 2
humming bee 104

I

Indra 58
indragopaka insects 28
Indra's bow 28
infantuated swans 48, 67
infatuated kādamba birds 75
innumerable stars 54
intoxicated bees 53, 106, 113
intoxicated male cuckoos 122
intoxicated passion 89
intoxicated swarms 123
intoxicating wine 88
inumerable flowers 53

J

jingling golden girdle 67

K

Kaṅkeli tree 63
kadambas 38, 40, 43, 44, 58
kahlāras 60
kakubha tree 40
kaālīyaka 103
kandalī plants 28
karṇikāra 98
karṇikāra flowers 113
kavidāra tree 53
ketakī 38, 45
kiṁśuka flowers 108
kiṁśuka groves 108
kindle ardent 105
kākali lutes 8
kāraṇḍavas 55
krauñca 81, 82
kāśa flowers 48, 49, 68
kāḷāguru 85
kumuda lotus 58, 60, 68
kunda flowers 70, 110
kurabaka tree 107
kurabaka blossoms 122
Kusumbha flower 20
kusumbhaca 97
kutaja 58

L

lac-resin 6, 103
Lakṣmī 91
leaping śapharī 50
lengthy nights 86
lodhra flowers 122
lodhra tree 69
lodhra tree flowers 69
lofty breasts 79
long-stretching snouts 15
lotus-flowers 88
lotus-leaves 42
lotus-like eyes 32, 34, 59, 78
lotus-like face 77, 85, 122
lotus-like hands 117
lotus-plant 36, 56
lotus-roots 16, 51
lotuses perish 69
love leaves peacocks 58
love of music 117
love-pleasures 118
love-sick 38
lovely blossoms 106

lovely flowers 119
lovely furrows 44
Lovely gardens 110
lovely glances 62
lovely kiṁśuka flower 115
lovely women 24
Lovers sleep 88
lower lips pain 73
lunar orb 67
lunar rays 83
lustre of the teeth 63

M

Malaya mountain 115, 125
male cuckoo 104, 109, 123
mango-blossoms 104, 124
mango-trees 105, 110, 113, 120, 122
marakata gems 65
mentally flurried 30
mālatī flowers 44
mālatīs 49
monkeys resort 116
moonlike faces 62
mountain valleys 21
mountain-cavern 18
mountain-caverns 19

N

nīpa 58
navamallikā 98
necklaces 44
nights women's faces 9
numberless frogs 17
numerous beautiful flowering plants 112
numerous fields 61, 74
numerous pale stars 84
numerous swarms 125

O

obscuring clouds 54
odorous breath 88
odorous honey 125
olden ear-rings 63

P

paṅkaja lotus 66
padmas 60
passion rub 103
peacocks dance 116
pearl-necklaces 64, 99
pearl-strings 121
Peoples' hearts 6
pitiless enjoyment 77
playful sexual enjoyment 80
plump breasts 73
plump hips 92
powdered collyrium 10, 52
pretty bodies 87
priyaṅgu 103
priyaṅgu creeper 75
pātala flowers 24

R

rainbows 39, 42
rainy season 25, 47
rapid breath 11
rays of the sun 15
red flowers of aśoka 124
red garments 108
reddish sprouts 105
reddish tongues 18
resemble snow 70
respectable houses 109
rich-crops 74
ripened kalama rice 52
ripening rice 48
Rivers flow 116

round breasts 8, 64, 97
round faces 91
round hips 44, 71, 97
row of bees 115
royal swans 65
rutty elephants 25
rutty elephants trumpet 116

S

śaileya 112
śāli corn 56
saliva 18
śālmalī 22
sandal-paste 5, 8, 64, 70, 72, 83, 121
sandalwood paste 3
sandy banks 23
sandy regions 50
saptacchada trees 49
saptacchadas 58
śarabha 19
sarja 38, 58
saśoka 105
seeking water 13
sensitive man 107
śephālikā flowers 59
sexual enjoyment 73
sexual pleasure 86, 93
sexual sports 92, 94, 95, 118
sexual union 72, 77
sharp arrows 95
shining gold 120
silk-cloth 5, 71
silken garments 97
sindūra dye 20
singing beautifully 29
slender bodies 48, 79, 111
slender waist 90
small wavelets 62
snow falls 69
snow-white 6
soft breezes 42
soft morning breezes 57
soft rays 78
sportive and laughing side-glances 11
Spring breeze 110
Spring lends 97
Spring mocks women 121
sprout-like hands 121
sārasa birds 55
strong passion 117
sugar-confections 94
sun and moist foam 13
sun resembling fire 14
sun's rays 83
sweet sounds 111
sweet-sounding anklets 64
śyāmā creepers 63

T

thick dew 83
thick garments 83
thick mud 16
thick sandal-paste 6
thin garments 97
thin silk-cloths 44
thirsty cātaka birds 27
thirsty snake 15, 17
tossing fine trees 56

U

unbearable gusts 10
upraised heads 18

V

vallakī 8
vernal season 108
village-fields 81
Vindhya mountain 46

Vindhyas 31
violently excite 106

W

waist-bands 5, 39, 71
warbling sweetly 58
water-falls 37
water-fountain 3
waters grow lotuses 96
watery spray 38
wavy hair 98
well-strung instrument 4
white birds 50
white bosoms sandal-paste 103
white garment 68
white lotuses 37
white mansions 9
white sandle-paste 99
white water 118
whose hearts 10
Wild elephants 37
wild fire 20
wind steals 45
winds blow fragrant 96
wine rippling 4
woman's arm 63
Women bear strings 44
women inflame 39
women rub 72
women thin 101
women's eyes 102
women's feet 6
women's heart 47, 81, 105
women's limbs 102
wonderful house 3

Y

Śarad season 118
Śiśira 82
young atimukta creepers 106
young ladies 73, 92, 93, 117, 118
young mango blossoms 95
young men 52, 56, 86
young shoots 121
young sprout 93
youthful ladies 83

Z

zig-zag path 35